江戸大名庭園は挑む

「名園」の復活そして
都市庭園の未来

菊池正芳

はる書房

はじめに

小石川後楽園、浜離宮《はまりきゅう》恩賜庭園《おんしていえん》、旧芝離宮《きゅうしばりきゅう》恩賜庭園《おんしていえん》、六義園《りくぎえん》、この四つの「園」に共通するのは？　そう、江戸時代につくられた大名庭園なのである。現在は、国により文化財指定され、都立公園として一般市民に利用されている。

大名庭園復元への道のり

慶長八（一六〇三）年、江戸に幕府を開いた徳川家康は、大名たちに府下に屋敷を構えさせた。寛永一二（一六三五）年の武家諸法度《ぶけしょはっと》で参勤交代が正式に制度化されたため大名屋敷が増加、その後、おおよそ三〇〇の大名家が複数の屋敷を構えることになり、その数一〇〇〇か所近くあったという。それぞれの屋敷には大小さまざまな庭園があったことだろう。

もともとは将軍の御成《おな》り（屋敷への訪問）を意識して作庭した「大名庭園」だったが、それぞれの大名が自らの利用目的を意識して、好みの意匠を凝らすようになる。庭師が活躍し植木屋が繁盛し、庶民も園芸に親しむ。平和で、みどり豊かな江戸の街があったのだった。

しかし、大名庭園のほとんどは明治維新（大政奉還：一八六七年、廃藩置県：一八七一年）を契機に失われていく。残った庭園も、大正一二（一九二三）年の関東大震災、第二次世界大戦の戦火、とりわけ昭和一九〜二〇（一九四四〜四五）年の空襲で大きな被害を受ける。昭和三〇年代には高度経済成長期を迎え、江戸のみどりの文化は忘れられてもいく。

私が東京都に入職したのは、昭和六〇（一九八五）年である。大学で物理学を学んだ私は、昭和五五年、IT・電子機器の輸出入販売の技術商社に入社した。一方で、子どものころから自然が大好きだった私は、慣れ親しんだ多摩の丘陵が切り崩されて住宅地に変わっていく姿に忸怩《じくじ》たる思いがあった。

ある日、転機が訪れた。地元の日野市が主催した自然観察会に参加し、自然保護にかかる部署が行政にあることを知って、自分もそんな仕事をしてみたいと思うようになった。

そして、なんとか東京都の職員採用試験を通り、造園の専門職に就いた。公園や街路樹などの整備および管理、都市緑化などを担当する部署の技術職員として、最初の三年間は街路樹係として墨田区、江東区、江戸川区など下町の街路樹の維持管理を担った。街路樹の剪定《せんてい》やツツジなどの植樹帯の刈込の時期を見極め、時にはアメリカシロヒトリの駆除も行なった。自然保護とはちょっと違うようにも思ったが、晴れて「造園」に関わることになったのである。

しかし、本書の中心テーマである「大名庭園の復元」に私がたどりつくのは、少し先のことであった。

大名庭園の魅力

小石川後楽園は、文京区後楽園にある東京ドームの西に位置する。ドームの建築面積四万六七五五㎡の約一・五倍七万八四七㎡の広さの都立公園だ。ドームとは異なり、おおむねいつもひっそりしている。

東門から内庭を通り、「唐門《からもん》」を横目に進み、本来の庭園内に入る。唐門は空襲で焼失したが、令和二（二〇二〇）年末に復元された建物だからよく観察してほしい。唐門を過ぎると、そこは鬱蒼《うっそう》とした樹木に囲まれた園路である。園路は、茶室などで見られる「延段《のべだん》」という敷石の通路で、大小の自然石と切石を組み合わせてある。この園路は「木曾路」の見立てで、そばには「木曾川」に見立てた小川が流れている。

樹木に囲まれ、ゆるやかに曲がりくねった園路（木曾路）を進んでいくと、とたんに視界が開け、大きな池（＝大泉水《だいせんすい》と呼ぶ）が広がる。「琵琶湖」である。目の前に飛び込んでくるのは徳大寺石《とくだいじいし》と呼ばれる大きな壁のような石が据《す》えられた島だ。中国の神仙思想で東方海上にあると信じられていた「蓬莱島《ほうらいじま》」である。目を右に転じると、岩礁《がんしょう》のような島が見える。それは、琵琶湖の観音霊場として知られる「竹生島《ちくぶしま》」である。小石川後楽園には、他にも京都の渡月《とげつ》橋《きょう》・大堰川《おおいがわ》・通天橋《つうてんきょう》といった名勝地に見立てた景色が縮景の技術を使って園内に写し取られているのだ。そんなことを知れば、園路を進むにもわくわく感が増すはずだ。

四つの大名庭園は、来歴は異なるが江戸時代初期・前期にルーツを持つ。小石川後楽園は寛永六（一六二九）年に、水戸徳川家初代藩主の頼房《よりふさ》が築庭し、二代藩主の光圀《みつくに》が完成させた大泉水を中心とした回遊式の大名庭園であり、和式と中華式がミックスされ、日本や中国の各地の名勝地を縮景に取り込んだ手法は、その後の大名庭園のモデルとなったといわれている。

浜離宮恩賜庭園は、承応三（一六五四）年、徳川四代将軍家綱《いえつな》より、将軍の鷹狩場であった海辺の葦原《あしはら》の地を拝領した甲府宰相《さいしょう》の松平綱重《つなしげ》が海を埋め立てて別邸を整備し、そこに築庭された庭が始まりである。その後、綱重の子の綱豊《つなとよ》が六代将軍家宣《いえのぶ》になったことにより将軍家唯一の庭園となった。

旧芝離宮恩賜庭園は、明暦（一六五五～一六五八年）のころに海面を埋め立てた土地を、延宝六（一六七八）年に老中・大久保忠朝《ただとも》が将軍家綱から拝領して建てた屋敷にある。

六義園は、元禄八（一六九五）年、五代将軍徳川綱吉《つなよし》の側用人《そばようにん》柳沢吉保《やなぎさわよしやす》が七年をかけて、綱吉より与えられた地に築庭した。

起伏に富んだ地形を使った小石川後楽園、将軍の鷹狩場であった中央区にある浜離宮、海面を埋め立てた港区にある旧芝離宮、平坦な地に池を掘り山を築いた文京区本駒込にある六義園。それぞれの大名庭園は、立地を見極めて最大限に条件を活かしている。また、大名の個性と知性が反映する、どこまでも魅力的な庭園なのである。

復元ということ

昭和六三（一九八八）年、私は建設局公園緑地部公園建設課に配属になった。

翌年の平成元年、東京都は「文化財庭園の保存・復元・管理等に関する専門委員会」を設立し、平成二年には計画を策定した。その基本方針の一つが「庭園を計画的に修復・復元し、適切に管理していく」ことであった。基本方針には他に、保存や公開、次世代への継承、江戸庭《にわ》芸《げい》の伝承の場とすることなどが盛り込まれている。

この計画に従うかたちで、私も大名庭園の修復工事の下準備に関わることになる。公園建設課で私は、代々木公園や日比谷公園など都内約六〇か所の都立公園の計画・整備・管理運営業務を担当するようになったが、大名庭園もその中に含まれていた。

一口に「復元」といっても、実はけっこう難しい。江戸の前期から明治まで、大名庭園は持ち主と姿を変えながら現在に至っている。復元はいつの時代に合わせるのか、史資料などが残されているのか、本当の姿・本当の景色はどのようであったのであろうか。利用の復元、文化の再現とはなんだろう。大名庭園の復元は始まったばかりである。今まさに現在進行形なのだ。大泉水の浄化事業のために訪れた小石川後楽園で、私は初めて絵地図や設計図ではわからない大名庭園の魅力を知った。ストーリーがある庭園の見せ方、風景ごとの演出効果の巧みさを体感したのだった。

本書に記した大名庭園の復元にかかる取り組みから、エピソードを二つ簡単に紹介しよう。一つは、カワウの引っ越し大作戦。もう一つは、ビルの谷間に沈む闇の正体である。

景観を取り戻すための六年間

カワウは、浜離宮（園内に二か所ある鴨場《かもば》、かつて鴨猟が行なわれた場所）での一件だ。

大名庭園の復元には、幕末に来日したイギリス人報道写真家F・ベアトの写真が参考になった。文久三（一八六三）年に愛宕山《あたごやま》（港区）から撮った写真には浜離宮の並びに第六台場が写っているが、この台場にカワウを誘致したのだった。

平成二（一九九〇）年以降カワウは、浜離宮でコロニーを形成しはじめ、その糞害《ふんがい》も次第に大きくなり、とりわけ鴨場は目を背けたくなるほどだった。そのため、平成五年に日本野鳥の会研究センターの協力を得て調査を実施、結局カワウに出て行ってもらうことになる。そのために、誘致先の第六台場にサギとカワウのデコイを設置したり、営巣しやすい環境を整備して浜離宮で落とした巣を置いたり、浜離宮では夜間バケツを叩いたり、サーチライトを照らすなどの対策を二年半実施した。

けれどもカワウは庭園に留まり、樹木はカワウの糞で真っ白になるありさまだった。そこで、昼間は餌を獲りに出かけ夕方にねぐらに戻るカワウの習性を捉えて、留守のあいだに、カワウが営巣する場所付近で、水面上を横切るように麻縄のロープを木々の樹冠に張り巡らしてみた。

二年間毎月、第六台場を見下ろすレインボーブリッジの歩道からカワウの観察を続けていたが、ロープを張り巡らした当日、浜離宮からUターンをして戻ってくる群れが現れた。そして、第六台場の上を旋回し始めたという。こうして、平成八(一九九六)年一二月六日、カワウの引っ越し大作戦に勝利した。従来の景観を取り戻し、〝復元〟する戦いでもあった。

鴨場の修復事業は、浜離宮の復元事業の先駆けとなった。その後、老朽化し崩壊寸前であった横堀の護岸や海手お伝い橋の補修、改修が行なわれ、浜離宮の復元は計画的に事業が進められていった。そして、一一代将軍家斉《いえなり》の時代の絵図にある松の御茶屋、燕の御茶屋、鷹の御茶屋の三棟の御茶屋が復元され、まさに家斉が楽しんでいたころの庭園の姿に戻りつつある。

知ってもらうことから始まる

ビルの谷間に沈む闇は旧芝離宮恩賜庭園だった。これは、私の実体験である。

旧芝離宮はJR浜松町駅のすぐそば竹芝地区にある。平成二五(二〇一三)年に竹芝地区の「都市再生ステッププロジェクト」がスタート、「竹芝地区エリアマネジメント」と「竹芝まちづくり協議会」とが協働して街づくりに取り組むことになった。この地に江戸時代からある大名庭園が街づくりにおける貴重な場となることが予期された。

庭園管理者として参加した打ち合わせの席で、私は衝撃を受けた。出席者のほとんどが旧芝離宮について知らなかったのである。知っていても、樹木が生い茂るお屋敷のようなものといった認識だった。夜になると、ビルの谷間に沈む闇でしかなかったのである。そこで、街づくり関係者へ向けて園内を案内、庭園の成り立ちや見どころなどをガイドしたのであった。そして、周辺の会社で働く人が参加できる夜間開園を試行することになった。それが現在も続くライトアップ事業「芝離宮夜会」になっていく。

今の時代にあった大名庭園の活用について、考えさせられた一件であった。


これから、江戸の大名庭園の歴史を紐解くとともに、大名庭園の復元がどのような経緯で進められてきたのかを順を追って記していく。景観や施設を復元するだけでなく、江戸時代に造られた大名庭園を現在の私たちがどのように活用し、使いこなすのかという試行錯誤についてもさらに触れてみたい。ハードとソフトの施策があいまった江戸の大名庭園の再生のありさまを、少しでも知っていただき、大名庭園に興味を持っていただけたら本望である。本書が大名庭園の入口になれば、こんな幸せなことはない。

浜離宮恩賜庭園の「潮入の池」には、今も何匹ものクロダイが紛れ込んでくる。大名が、御台所や姫君たちが、この池で魚釣りを楽しんだといわれる。また、小石川後楽園に子孫繁栄を願う陰陽石《いんようせき》が置かれているのを知る人は少ない。これは徳川光圀が子宝に恵まれなかったからだという説もある。このようなエピソードも織り交ぜていきたい。

東京の中心部、林立するビルの谷間に居ながら、江戸の大名や姫君を身近に感じることができる。来園者にとって大名庭園は生きた博物館ともいえよう。

大名庭園へようこそ!

江戸大名庭園は挑む◎もくじ

はじめに……3

第Ⅰ章　大名庭園の誕生

一節　武士の街「江戸」になって……22
1　家康の江戸入城……22
2　参勤交代制度と明暦の大火が増やした武家屋敷……25
3　みどり（草花と樹木）にあふれた江戸の街……26

二節　庭園の魅力は自然と地勢を活かすことから……28
1　大名たちにとっての庭園……29
2　江戸大名庭園の特徴……32
池を中心に広く巡って移ろう景色を楽しむ／テーマとストーリーで構成する
汐入で演出し水を確保する

三節　今に残る江戸の大名庭園……38
（ⅰ）小石川後楽園―国指定特別史跡・特別名勝―……38
（ⅱ）浜離宮恩賜庭園―国指定特別名勝・特別史跡―……39
（ⅲ）旧芝離宮恩賜庭園―国指定名勝―……41
（ⅳ）六義園―国指定特別名勝―……42
（ⅴ）都内にある大名庭園のなごり……43

第Ⅱ章　失われ変わっていった大名庭園

一節　みどりの街を支えた先はどうなるのか……48
1　大名庭園を消した明治維新……48
2　壊滅的被害を受けた関東大震災……50
石灯籠は倒伏、建物ばかりか樹木も焼失／避難者を救った庭園と命を奪った被服廠跡地
3　複合的被害を受けた第二次世界大戦……53
焼け野原になった東京で庭園の荒廃は進んだ／財ではなく材としての価値？　そして残った地割
4　戦後復興期に利用されて……55
みどりの公共空間として再生を図る／貸ボートや「鯉来い橋」、娯楽の提供が模索された

二節　文化財保護へかじが切られて……58
1　文化財指定された大名庭園の保護と利用……58
特別名勝・特別史跡に大名庭園を指定／来園者の目的と利用方法／庭園管理の明確化―公開時間制限と有料化
三節　復元に向けて動き出す……64
1　保存と利用を図るという文化財庭園の位置づけ……64
2　中島の御茶屋を三九年ぶりに復元……66
3　イコモス総会で課題とされた「木・修復の文化」……68
4　文化財庭園の復元事業が動き出す……70
「文化財庭園の保存・復元・管理等に関する計画」の策定／「東京都における文化財庭園の保存管理計画」の策定
第Ⅲ章　浜離宮恩賜庭園における修復・復元
一節　「中島の御茶屋」の復元から考える……78
1　「中島の御茶屋」の復元……78

憩いの空間を文化財として見直す／基礎を残してなくなった中島の御茶屋／二三年経って工事着手、焼失して三七年で蘇る
2 復元工事にあたって何をどう考えるか……86
庭園の本質的価値を知る／どの時代に復元するか／復元は一番利用された家斉の時代に

二節 復元工事は鴨場の修復から始まった……99
1 鴨場が選ばれた理由……99
将軍の御成りは鴨場あればこそ／不忍池から来たカワウが住みだす
2 第六台場へのカワウ誘致作戦……103
カワウ追い出し対策を行なっても…／功を奏したねぐら対策
3 「庚申堂鴨場」の修復工事……105
鴨場修復は宮内省時代に合わせる／時代を垣間見せた浚渫工事で出土したもの
4 「庚申堂鴨場」引堀護岸の修復工事……111
職員体制は江戸時代と現代とほぼ同じ／共通する維持管理の作業

三節 浜離宮庭園の中心景を復元する……114
1 護岸の老朽化対策・安全上必要な緊急対応的整備……114
景色を蘇らせるには…／「潮入の池」の価値

四節　「潮入の池」の護岸を修復する……116
1　「横堀」の護岸改修……116
戦後の補修はコンクリートやモルタルを使用／〈玉石護岸〉長手使い型と小口使い型を試行
2　「大泉水」の護岸修復……120
背面土砂が流出していた護岸／護岸の形状は一切不明
五節　橋を修復する……123
1　「海手お伝い橋」の改修……123
通行止めの橋を早期に渡れるよう改修／現況の景観に配慮したうえでの修復
2　「中の橋」の改修……127
コンクリート部材の違和感と著しい劣化に対応／資料整理の重要性を確認
3　「中島橋」の改修……130
正式な玄関となる橋／木橋の姿に戻す
六節　御茶屋群を復元する……133
1　活用された御茶屋……133
御茶屋があってこその大名庭園／利用目的に応じた五つの御茶屋

2 「松の御茶屋」の復元工事……135
健全な状態で残っていた礎石／見える高さの復元
3 「燕の御茶屋」の復元工事……140
接客の場としての利用／将軍家の御茶室として忠実に復元
4 「鷹の御茶屋」の復元工事……143
藁葺屋根を再現
七節 修復・復元工事の進捗状況……147
1 その他の実施工事……147
「中の御門」復元的整備／「内堀」護岸修復／「旧稲生神社」の解体・復元
2 残されている復元工事……153
第Ⅳ章 大名庭園の景色の再生
一節 植栽景観を再現する……160
1 大名庭園で重要となる植栽……160
並行して進めるべき施設と植栽という復元要素／往時の景観を推定して景観を創出

2　庭園芸術としての価値……161
特定が困難な植物の種類・大きさ／戦後復興下の緑化政策の影響

二節　どうやって植生を再現するのか……164
1　基本的な庭園技法……164
縮景／借景／見立て／樹芸

三節　樹木管理により景色を蘇らせる……166
1　樹木管理の実際……166
史資料や絵図面に基づいた景観の再生／かつてあったことのイメージを形に
2　樹木整理による作庭意図の再現……170
広がりのある大泉水を再生／苦労を伴う伐採作業

四節　〝江戸のみどり〟を東京そして世界へ伝える……174
1　現代東京における江戸大名庭園のあり方……174
都市緑化の推進のもと巨木に成長／知らせたい〝江戸のみどり〟と庭園技術
2　大名庭園の作庭と樹木の果たす役割……176
田んぼのある景色と「一つ松」の再生／大名庭園の本質、本当の姿

3　海外の日本庭園……180

Ⅴ章　大名庭園の魅力を伝える取り組み

一節　知ってもらい活用してもらうには……186
1　庭園は生きた文化財……186
2　東京都公園協会が取り組みを推進……187
意外な来園者アンケート結果／庭園の活用の開始／「景（空間）の復元」と「利用の復元」
二節　利用の復元に向けて新たな事業を始めて……190
1　「利用の復元」二つの試み……190
2　ライトアップ事業をスタート……191
勤め人をターゲットにした夜間利用開始の苦労／反対意見を経てライトアップを試行／しだれ桜のライトアップ／ライトアップ事業成果の差異／ライトアップは非日常性がポイント
三節　庭園ガイドボランティアを育てて……198
1　江戸庭園物語の語り部を……198
2　「都立庭園ガイドボランティア養成講座」の開講……200

3　庭園ガイドツアーの役割……202
ガイドツアー参加者が知りたいことは？／ガイドボランティアになった理由は？／ガイドボランティアになってみて

四節　対象ごとにさまざまな取り組みを行なって……206

1　大名庭園を舞台とするイベント……206
史資料を基にしたイベント／外国人観光客に向けたイベント／子どもたちに向けたイベント／世界に向けた情報発信イベント／地域との連係

五節　地域とともに大名庭園を次世代に伝えるために……217

1　エリアマネジメントによる街づくり……217
エリアマネジメントとは／歴史遺産・大名庭園とスマートシティ・竹芝

2　エリアマネジメントのなかのイベント……221
演出効果とPRで成功／知られていなかった庭園の存在／維持存続は地域の人々に守られてこそ

3　次世代に大名庭園を引き継いでいくために……225
民間の力でイベント大成功／大名庭園と地域との連携

4　広がる大名庭園の活用……228
ユニークベニューに指定された浜離宮庭園／大名庭園丸ごと体験の夕べ

コラム

巨大都市・江戸の範囲……44
愛宕山から見た江戸の街……45
江戸の園芸ブーム……75
歴代将軍と大名庭園……156
各地の大名庭園……183
庭園へ行こう……233

参考文献……234

おわりに……240

第Ⅰ章

大名庭園の誕生

一節　武士の街「江戸」になって

1　家康の江戸入城

天正一八（一五九〇）年八月一日、徳川家康が関八州《かんはっしゅう》の領主として江戸城に入った。そのときから〝江戸の街づくり〟が始まったといっていいだろう。当時の江戸は、日比谷入り江が大きく江戸城近くの内陸部まで入り込む湿地の多いデルタ地帯であったといわれており（図1）、江戸《えど》湊《みなと》は鎌倉時代より多くの商船の行きかう港湾であった。

長禄元年（一四五七）、江戸の地に最初に城を築いたのは、扇谷上杉家《おおぎがやうえすぎけ》の家臣である太田道灌《おおたどうかん》であった。道灌亡き後、江戸城は後北条氏《ごほうじょうし》の支配下にあったが、天正一八年の豊臣秀吉による小田原攻めにより後北条氏は滅び、後北条氏の旧領である関八州を与えられることになった家康が、江戸城の新たな城主となったのである。

江戸に乗り込んできた徳川家康が初めに取り組まなければならなかったことは、江戸に入城する際に従えてきた家臣団や、江戸の街の生活を支える商人たちを江戸に呼ぶための住居地を確保することであった。

徳川家臣団及びその家族、そして徳川家とともに同行する商人一行も含め、旧領地を後にして江戸に向かった人々の大移動により、江戸の街はその年の暮れには人口がおよそ三〇万人に膨れ上がってしまった。

当時の江戸は、江戸城の前に茅葺《かやぶき》民家が一〇〇軒ほど並ぶ寂れた場所であったといわれており、江戸の周辺を含めて多く見積もっても五〇〇〇人程度の人口しかなかった。そんな田舎町に、駿河・三河・遠江《とおとうみ》・信濃・甲斐《かい》という先進的な領国を持つ大大名とその家臣団が突然移動して、江戸の街は人であふれかえってしまったのである。

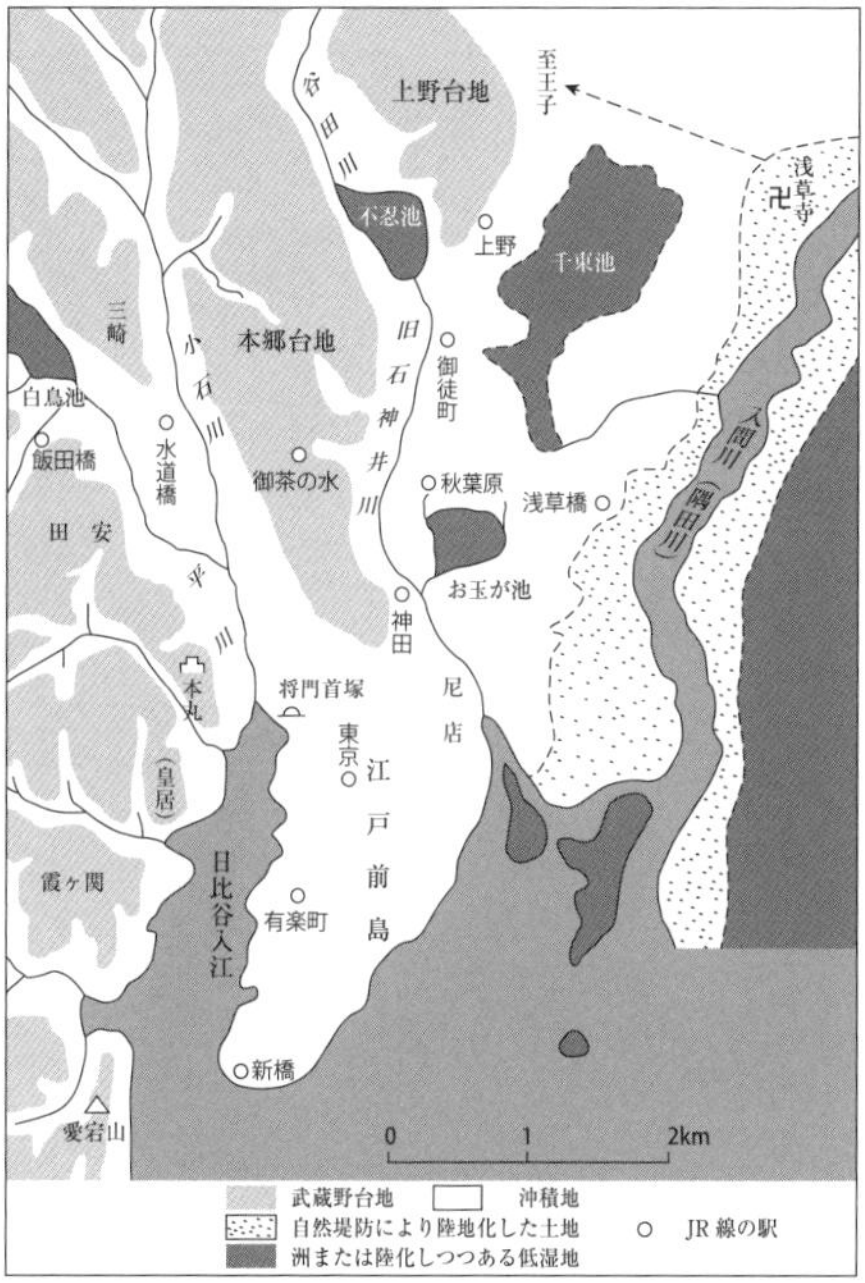

図1　家康が江戸に入城したころの江戸
日比谷入江が大きく江戸城付近まで入り込んでいる（鈴木理生『江戸はこうして造られた』ちくま学芸文庫、2000年より）

そこで、家康が最初に行なったのが、物資輸送のためのインフラ整備としての道灌濠開削《どうかんぼりかいさく》であった。湿地帯に運河を造り、掘り上げた土砂で土地を整備し商人たちの住める場所を整備していった。

引き続いて行なわれたのが、当時

有数の塩田であった行徳《ぎょうとく》（現在の千葉県市川市行徳地区及び浦安市）から塩を確保するための運河を整備することであった。塩は人間が生きていくうえでは不可欠であり、岩塩のない日本においては海水からの製塩が必要で戦国時代には重要な戦略物質でもあった。

家康が江戸に入城したころは、まだ北条氏の残党などがおり、江戸城の拡張にまず手をつけたいところではあったであろうが、城郭の修復拡大を後回しにしたのは、秀吉の生存する時代には大規模整備を控えていたと考えられる。

その後、慶長五（一六〇〇）年の関ケ原の合戦を経て天下を統一し征夷大将軍《せいいたいしょうぐん》となった徳川家康は、慶長八年江戸に幕府を開き、江戸の街づくりはさらに発展することになる。秀吉の配下であったころに行なわれた道灌濠などの開削工事は、当然家康直属の武士団自らが作業を行なわなければならなかったが、将軍となった家康は全大名に対して禄高《ろくだか》に応じて労役を課する、いわゆる天下普請《てんかぶしん》により大規模整備を進めることができるようになったのである。

天下普請の最初の大規模工事は外濠の整備と日比谷入り江の埋め立てであった。天下普請に駆り出された大名たちは、江戸城の外濠を新たに掘削し、その残土で日比谷入り江を埋め立てた。大名たちはまだ水面下にある土地を割り当てられ、そこを埋め立てて自分たちの宅地を造成していった。

日比谷入り江が埋め立てられ外濠の一部が完成するのは、二代将軍秀忠《ひでただ》が江戸に入城した慶長一一年であった。その後も天下普請は続けられ、最後の天下普請は万治三（一六六〇）年仙台藩に対する運河神田川整備工事の発令であった。その完成で江戸の街づくりの土台が整ったのである。

2　参勤交代制度と明暦の大火が増やした武家屋敷

江戸の街づくりで特徴的なのは、将軍の下に多くの大名とその家臣団が居住する大名屋敷で構成されていたことである。一人の大名のもとにその家臣団が居住する城下町とは異なり、江戸の街の中に多くの小国家が存在するような特殊な形態であった。家康は、大名に対して江戸城下の土地を与えそこに屋敷を構えさせたが、忠誠を示す大名たちは自ら率先して妻や子（大名の世継）等を人質として江戸に住まわせるようになった。

寛永一一（一六三四）年、幕府は妻子を領地においている譜代大名に、妻子を江戸に移すように命じた。そして寛永一二年に三代将軍家光は武家諸法度《ぶけしょはっと》を改訂し、制度としての参勤交代を明文化した。その結果、江戸には、参勤交代を義務づけられた二百数家の大名の屋敷と幕府直属の家臣団である旗本・御家人あわせて一万家以上の屋敷、いわゆる武家屋敷ができたといわれている。

その武家屋敷の配置は役職や大名の譜代、外様《とざま》といった分類によって決められていた。江戸城の周りは将軍家とその一族で固め、譜代大名は大手門周辺に配置し、老中などの要職者は本丸大手門近くに置いた。そして、外濠と馬場先濠《さきぼり》で囲まれた大名小路から日比谷・桜田・霞が関には外様大名を置いた。城の西方から北にかけては麴町台地《こうじまち》であり、そこには隅田川といった障害となるような河川がなく、自然の地形だけでは防備しがたいため、将軍直属の旗本を多数配置した。町人地は街道の集まる場所に置き、物流集積の拠点とするとともに繁華街が形成された。

五次に及ぶ天下普請が進められ、ようやく江戸の街の整備が終わろうとしていた明暦三（一六五七）年に発生した火災は、当時の江戸の市街地の約六割の地を焼き尽くし、被害は大名屋敷一六〇、旗本屋敷七七〇、町人地八百余町に達した。いわゆる明暦の大火である。大火後の復興対策として、幕府は、江戸城内にあった紀州、尾張、水戸の御三家を城外に出し、江戸城周辺の武家屋敷を郭外の新開地へ大規模に移動させた。そのほか広小路や火除け地の設置など、大規模な江戸の街の改造が行なわれたのである。

このことにより、大名屋敷は、大名の住む上屋敷、妻子の住む中屋敷、震災等で上屋敷を失った場合の屋敷として下屋敷の三か所の屋敷を得ることとなった。自前でお抱え屋敷を手に入れる大名もあり、江戸の街はそれまで以上に守りに優れた頑強で巨大な街へと生まれ変わるとともに、武家屋敷が江戸の街の大半を占める街となっていった。

3　みどり（草花と樹木）にあふれた江戸の街

大名屋敷の面積は、石高《こくだか》によっても大きく異なり一概にはいえないが、考古学的調査によって明らかになっている東京大学本郷キャンパス内の加賀藩本郷邸は約二九ha。尾張、紀州、水戸の御三家の邸宅に匹敵する広さで、そこには女中衆を含めると三〇〇〇人を超える人々が住んでいた。

幕末の調べによると、一坪三・三㎡として換算すると、水戸藩上屋敷（後の小石川後楽園）一〇万一八三一坪（約三三・六ha）、市ヶ谷尾張藩上屋敷七万四五四八坪（約二四・六ha）、麴町紀州藩上屋敷二万四五四八坪（約八・一ha）であった。

大名の禄高や格式と与えられた敷地との明確な法則はないようであるが、大名屋敷の標準的な地割は元文三（一七三八）年の記録「地割標準」によると、一万～二万石で二五〇〇坪、五万～六万で五〇〇〇坪、一〇万～一五万で七〇〇〇坪であった。ちなみに、大名屋敷のほかの武家屋敷としては旗本屋敷が江戸城の北西から北に配置されていたが、それらの規模は九〇〇〇石程度で二三〇〇坪、一〇〇〇石程度で五〇〇坪と小さな規模となっていた。

規模もさまざまな大名屋敷であるが、これら武家地の面積は、享保一〇（一七二五）年の推計で、武家地四六・五㎢、町人地八・七㎢、寺社地一〇・七㎢であり、その人口を見ると武家地約六五万人、町人地約六〇万人、寺社地約五万人となっている。つまり、武家地は江戸の街の約七〇％を占め、そこには人口の約五〇％の武士が生活し、江戸の人口の約四六％に及ぶ町人がわずか約一三％の町人地に生活しているということである。町人は武士の五分の一の土地に密集して住んでいた。このことが、江戸は武士の街といわれる所以でもある。

明治時代、江戸を訪れた外国人は口をそろえて、江戸はいたるところ花が咲き樹木が生え、美しい都市であると称賛したという記録を残している。

安政六（一八五九）年六月から文久二（一八六二）年二月まで英国初代駐日大使であったラザフォード・オールコックは『大君《たいくん》の都《みやこ》―幕末日本滞在記―』の中で、「これほど土地が肥え、鑑賞用の樹木が生育し、木の葉が豊かで変化に富み、生垣・木陰の細道・庭園・寺院の無数の遊園地（原文まま）などの手入れがきちんと行き届いている所は、イギリス本国を除いてはほかにない」と書き残している。

そして、オールコックから呼ばれて来日した英国の植物学者であるロバート・フォーチュンは、愛宕山から一望した江戸の街の眺めの美しさに感激をするのである。その大きな理由の一つとして、江戸の面積の七〇％を占める武家地にある庭園の草花や樹木なども関係していたのではなかろうか。木斛《もっこく》や松、梅や楓《かえで》、躑躅《つつじ》や椿《つばき》など多彩な〝みどり〟が庭園を演出していたことだろう。大名庭園は、江戸の〝みどり〟を担う大きな存在であったのだ。

二節　庭園の魅力は自然と地勢を活かすことから

1　大名たちにとっての庭園

江戸の大名屋敷に、趣向を凝らした大名庭園が造られるようになったのは、なぜだったのか。江戸時代初期の大名の置かれた立場から考えてみたい。

家康の入府以降、大名は江戸城建設や江戸の街づくりのために多大な苦労を強いられていたのである。従来の城造り・街づくりは、街道筋の交通の要所で、飲料水があり平地があり、守るにも街づくりにも有効である、といった土地を探し出し自然地を活かして城を築き街を造ってきた。

しかし、江戸の街は海辺の湿地を埋め立てて住むための土地を確保し、運河を開削して大量輸送手段を作り出し、大土木工事の末に飲み水を供給しなければならなかった。江戸の街はそれまでの日本にはなかった初めての臨海部に創り出された人工の街なのであり、その労働力を支えたのが各地の大名だった。

大名たちの不満は大きかったに違いない。明暦の大火も、反幕行動による放火であったといわれる所以もそこにある。しかし、多くの不満を抱えながらも大名たちは江戸幕府の命令に積極的に従い、労働力を提供していった。それだけ、戦国時代を終焉に導き、天下統一を果たした徳川幕府の力は強大であり絶対であったのである。

いくつもの大名が取り潰しになる江戸時代初期、江戸の街づくりとともに大名屋敷は次々と造られていった。明暦の大火以後、大名屋敷や御成門は質素なたたずまいとなるが、それ以前は、将軍の御成り（屋敷への訪問）を促すかのような豪華絢爛《けんらん》な御成門の整備など、各大名はお家維持のため、将軍との関係をより深めるための必死の工作を行なっていた。そのような時代のなかで、大名屋敷に大名庭園が生まれてきたのである。ではなぜ、大名庭園という回遊式の庭園が生まれたのかを考えてみることにする。

まず、一つ目の理由としては、江戸という新しい都市にあって、武蔵野台地と隅田川などの河川の河口にできた低地の入り組んだ多様な自然環境が残された場所、その幕府から与えられた土地を大名たちは自由に活用することができたからである。

例えば、江戸の初期、小石川台地の先端に造られた小石川後楽園は、「数百年の喬木《きょうぼく》生い茂りて当時尽力の及ぶべからざる経世《けいせい》なり」（『後楽園紀事』）とあるように、立体的な変化のある地形を活かし、生い茂る松などの巨木の自然を取り込んでいる。現在の東京からは想像できないが、家康入府後の数十年間はまだまだ江戸の街は喬木の生い茂る未開の自然地に覆われた街だった。大名たちは与えられた敷地の中で、その土地の持つ特徴を取り入れながら庭を造っていったのである。

二つ目は、二代将軍秀忠のころから始まった将軍の御成りに際して、おもてなし、饗宴の場として多くの人を招き入れることのできる庭園が必要不可欠であったからである。二代将軍秀忠、三代将軍家光は庭好きの将軍として知られている。大名屋敷への将軍の御成りは名誉なことであり、大名たちは将軍の御成りに際して、将軍に気に入られるよう、自分たちの威勢を示し、自らの格式を誇示するために、他家にはないユニークで特色ある庭園を競い合って造営したのである。こうして、大滝のある庭園、築山《つきやま》からの眺めを売りとした庭園、季節ごとに咲き誇る花を眺めることができる庭園など、さまざまな工夫を凝らした庭園が必要とされた。

そして三つ目は、大名にとってもくつろげる、自由な空間が求められたためである。幕府の施策として各地から江戸に集められ生活をするようになると、大名にとって領内とは異なり自由に振舞える場所は屋敷内しかない。大名は将軍への拝謁のための登城や大名同士の付き合いなど、ストレスの多い日常生活のなかでほっと息をつける場所を屋敷内に求めたのではなかろうか。

そのため、藩主が変わると鬱蒼とした庭園が、明るく伸びやかな庭園へと改修されたり、大名庭園は藩主の思いによりその形状を変化させることも多かった。それだけ、大名庭園は藩主の身近な存在であり、プライベート空間であったのかもしれない。

広大な庭園は、家臣たちの教練の場、慰安の場としての役割も求められた。藩主が家臣とともに酒を酌み交わす場所として利用したり、実績を上げた家臣のご褒美として庭園の見学を許すなど、藩主にとって格好の場所であった。

また、庭園内には家臣たちの武術教練のための馬場や弓道場が造成され、狩場としての鴨場《かもば》が造られた庭園もあった。そのほか薬草園、菜園場、梅林、茶園、水田、農園などとしても活用されたのである。

　すでに述べたように、明暦の大火は江戸の街並みの大部分を焼失させ、江戸の街は壊滅的な被害を受けた。大名屋敷も例外ではない。幕府は被害の大きさから、江戸の街の再編成を余儀なくされ、大名屋敷は郊外に分散されて、大名は複数の屋敷を持てるようになった。こうしていっそう多くの庭園が江戸で造営されることとなったのである。

2　江戸大名庭園の特徴

　江戸湾（現東京湾）を望む地に開かれた江戸幕府は、内陸の都市である奈良や京都とは違う海辺ならではの特徴を生かし、そして広大な武蔵野台地を後背地に持つという地域特性を有効に活用して、今までにない臨海部の街づくりを進めた。

　広大な屋敷地に作られた大名庭園には、既成概念にとらわれない新たな街、江戸という土地の持つ特有の風土や地形、それぞれの大名の生活文化や教養・趣味により産み出されたいくつもの特徴があった。

池を中心に広く巡って移ろう景色を楽しむ

　その特徴の一つは、池を中心として回遊する池泉《ちせん》回遊式庭園だということである。

　京都にある世界文化遺産の西芳寺や天龍寺などの庭園も池泉回遊式庭園といわれているが、

それらの庭園は単に池の周囲を歩くことができるというくらいのものだ。一方、大名庭園は大規模な敷地を活かして、池の周囲に国内外の名勝地や古今の文学に登場する景勝地など、いくつもの景色を写し取った小区域（この小区域を「小景地」と名づけることとする）を配して、それを園路でつなぎ次々と移ろう景色を楽しむという、今までにない回遊式庭園の様式を作り出したのである。

景観構成の中心は池であるが、鑑賞者は樹木の間から時折見え隠れする池の姿を望むだけで、曲がりくねった園路に沿って連続して展開する小景地を楽しむ。小景地の中に踏み入れた鑑賞者は、各地の名勝地等に紛れ込んだかのような奇妙な世界を体感するという、過去にはなかったダイナミックな庭園を作り上げた。

小石川後楽園は、寛永六（一六二九）年に水戸徳川家の祖である頼房が中屋敷（後に上屋敷となる）の庭として造り、二代藩主の光圀（水戸黄門）の代に完成した。その後の大名庭園のモデルともなったといわれている。

庭園への入口となる唐門を抜けると、樹木の鬱蒼と茂る薄暗い石畳の園路に踏み込むことになる。そこは奥山の木曾路に敷かれた石畳の景を写し取った小景地となっている。薄暗い石畳の園路を抜けると、突然明るく開けた場所に出る。その目の前には琵琶湖を模した大泉水が広がり、その池の中央には蓬莱島を模した中島も見える。さらに園路を進めていくと〝紅葉林〟へとつながっていく。

小石川後楽園はこのように木曾路の景、琵琶湖の眺めと、次から次へと景色が展開されていく。これらのほかに、中国の小廬山《しょうろざん》や西湖堤、京都の渡月橋・大堰川・通天橋といった名勝地が小景地として用意されている。

テーマとストーリーで構成する

二つ目の特徴は、テーマ性を持った庭であるということである。

広大な敷地の中に庭を造るには、何らかのコンセプトが必要となる。どのような庭園を造るのか、施主である藩主・大名がどのような庭園を欲しているのか、明確なテーマが必要となってくる。大面積の大名庭園を築庭するには、統一的なテーマに基づいた小景地を連続して展開していくことによって、ストーリー性のある庭園とすることができる。

〈和歌の教養を楽しみ合う六義園〉

五代将軍綱吉の側用人であった柳沢吉保が築庭した六義園は、古今の和歌をテーマとした文人好みの明るく開かれた庭園である。六義園の名前の由来は、紀貫之が『古今和歌集』の序に引用した詩経《しきょう》の詩型と表現法による分類であり、和歌の六分類のことである。和歌をつくるにはこの六つの分類が大事であるという意味合いである。

和歌をテーマとした六義園は、和歌を題材とした八十八境《はちじゅうはっきょう》（八十八か所の景）が池の周囲に配されている。例えば、万葉の歌聖・山部赤人の「わかの浦に潮満ちくれば潟《かた》を無み芦辺をさして鶴鳴《もず》きわたる」の和歌に対して、大泉水の岸辺には「和歌の浦」と書かれた石柱が建てられ、そこは和歌の浦を写した小景地となっている。和歌を楽しみながら、お互いの教養をたしかめながら庭園鑑賞して歩いた。

〈儒教の教えが込められた小石川後楽園〉

光圀は、中国・明の儒者朱舜水《しゅしゅんすい》に師事したこともあり、小石川後楽園は儒教の教えを基に造られた庭園といわれている。後楽園という園名も、岳陽楼記《がくようろうのき》にある「天下の憂いに先んじて憂え、天下の楽しみ後れて楽しむ」（先憂後楽）という仁者の心がけからの命名だという。

光圀のころは、庭園内に学問推奨拠点である文昌堂《ぶんしょうどう》（八卦堂《はっけどう》）に、多くの学者や儒者が訪れた。また、光圀は、三代藩主綱條《つなえだ》の公家出身の夫人に農耕の尊さと農民の苦労を教えるため、水田を造り、田起こしや田植え、稲刈りなどの様子を見せたとされる。

汐入で演出し水を確保する

そして、三つ目の特徴は、汐入《しおいり》の池である。汐入の池とは、海水を引き込んで池水とした池のことである。

「汐入」は「潮入り」と表記することが多い。辞書でも「潮入り」が項目に立てられているが、「汐」が常用漢字でないことが、その理由と思われる。汐留や都立汐入公園など、固有名詞としては一般的だ。本書では史資料にある「汐入」を使うこととする。ただし、浜離宮《はまりきゅう》恩賜庭《おんしてい》園《えん》については庭園で表記する「潮入の池」とした。

古来より日本では庭園を造成する場合、池や流れを作るために水はなくてはならない要素であった。奈良や京都でも湧水や川の流れなど水を得られる場所に名園はある。豊かな水を確保できることが庭園を造成するための条件ともなっていた。

遠浅の海を埋め立てて拡大していった江戸の街では、水の確保、特に真水の確保は人が生きていくうえにも欠かせないものであった。そのために、神田上水、玉川上水といった上水の整備が江戸初期から行なわれていた。そのような江戸の街にあって、大規模な敷地を有する大名庭園を整備するための水の確保は容易ではなかった。それぞれが知恵を絞って解決に努めた。

江戸の街には、数は少ないが湧水を利用できる場所が何か所か存在した。加賀前田藩の上屋敷にあった育徳園《いくとくえん》（現在の東京大学三四郎池付近）などは、江戸の街には数少ない湧水を利用した庭園であった。育徳園は崖地の下から湧き出す湧水を利用して大泉水のある庭園を造った。

江戸の大名庭園の水利用の特徴の一つでもあるが、上水を利用した庭園があった。神田上水は井の頭池から引き入れた上水であり、玉川上水は多摩川の水を羽村の堰《せき》から引き入れた上水であった。その江戸市民の貴重な飲み水でもある上水を庭園の水として利用したのである。水戸徳川家など位の高い限られた大名にしか許されなかったが、神田上水を庭園内に引き込んで利用したのが小石川後楽園であった。そして、玉川上水は江戸城に送られ、その後は浜御殿《はまごてん》（後の浜離宮恩賜庭園）にまで引かれていた。

一方、目の前にあった海水を庭園に引き入れて利用していたのが汐入の池である。庭園の水は、湧水か河川から引き入れた水を使うのが常識であった時代に、海水を引き入れて大泉水に使うというのは発想の大転換であったに違いない。そして、汐入の池を持つ庭園は、江戸の大名庭園の大きな特徴の一つともなったのである。

江戸の街づくりにおいて海岸沿いには多くの大名屋敷が建てられた。それは、一つには海から進入する敵への防衛の目的であり、もう一つは当時の物資の大量輸送の手段が船であり、船で運び込まれた物資の積み下ろしのために、多くの大名が海岸沿いに大名屋敷を整備していた。しかし、海岸沿いに造られた大名屋敷では、庭園に使える水までは供給できなかった。そこで生まれたのが汐入の池であった。

汐入の池は、目の前にある海水を引き入れ、一〜二m近くある江戸湾の潮位の差により移り変わる池泉の景色の変化を楽しむことができた。池には海水とともにさまざまな魚が入り込み、そこでの魚釣りも楽しみともなっていた。このように、汐入の池には今までの庭園づくりでは経験できなかった多くのメリットがあった。潮の満ち引きという大自然の息吹を庭園内に取り入れ、その自然の変化を庭園内で楽しむという、汐入の池を持つ大名庭園とは、まさに自然と一体となった庭園でもあった。

しかし、汐入の池を持つ庭園は海に流れ込む川の河口や海岸であったため、台風や大潮による被害を受けることも多く、破壊されるたびに何度も作り直されていた。そのため、復旧費用を賄え切れずに放置される庭園も多かったといわれている。

このような手間のかかる汐入の池であるが、多くの大名庭園が明治維新により放棄され破壊されていくなかで、汐入の機能を今に残しているのが浜離宮恩賜庭園である。海水が流れ込む満潮の時間と岸辺の護岸があらわになる干潮の時間があり、その変化を今でも鑑賞できる。また、池にあらわれたボラやクロダイなどの魚影を追うことも楽しみの一つとなっている。

三節　今に残る江戸の大名庭園

江戸時代の庭園は、大部分が明治維新とともに崩壊してしまい、また、東京の急速な都市開発や震災・戦災によりその大半が姿を消してしまった。しかし、国や東京都に名勝や史跡として指定されている文化財指定庭園のうち、大名庭園として復元され、当時の姿を今に伝えている庭園も存在する。

次の四庭園は、国により名勝や史跡として文化財指定されており、また江戸の大名庭園として復元が進められている。本書で、大名庭園の復元の舞台として話を進めていく庭園でもある。

(i)小石川後楽園—国指定特別史跡・特別名勝—

小石川後楽園は、江戸時代初期の寛永六（一六二九）年に水戸徳川家の祖である頼房が造り、二代藩主の光圀の代に完成した。

小景地という趣向を取り入れ、小石川台地の起伏を活かして景観を巧みに展開しているのが特徴で、その後の大名庭園のモデルともなったといわれている。もう一つの特徴は、光圀が師と仰いだ朱舜水の影響を反映し儒教的庭園ともなっていることだ。歴代藩主によって変更もまた行なわれている。

明治維新となり大名家も邸地を新政府に返上することになり、明治二（一八六九）年一〇月には一〇万一八〇〇余坪の旧水戸藩邸跡敷地が兵部省に移管された。昭和一一（一九三六）年一二月、東京砲兵工廠《こうしょう》の小倉への移転に伴い、本園は文部省へ移管され、東京市が管理者として指定された。その後、昭和一三年四月三日、東京市は史跡名勝小石川後楽園として一般公開した。昭和二七年三月二九日には、文化財保護法に基づく特別史跡及び特別名勝に指定された。

(ii) 浜離宮恩賜庭園―国指定特別名勝・特別史跡―

浜離宮恩賜庭園は、汐入の池と二つの鴨場を持つ江戸時代の代表的な大名庭園であり、唯一の徳川将軍家の庭である。実際に海水が出入りしている汐入の池はここだけである。この地は、寛永年間（一六二四～四四年）までは将軍家の鷹狩場で、一面の海辺の芦原だった。承応三（一六五四）年、徳川四代将軍家綱よりこの地を拝領した弟の甲府宰相松平綱重は、海を埋め立てて甲府浜屋敷と呼ばれる別邸を整備した。それが浜離宮恩賜庭園の始まりである。

その後、綱重の子の綱豊（家宣）が六代将軍になったのを契機に、この屋敷は将軍家の別邸

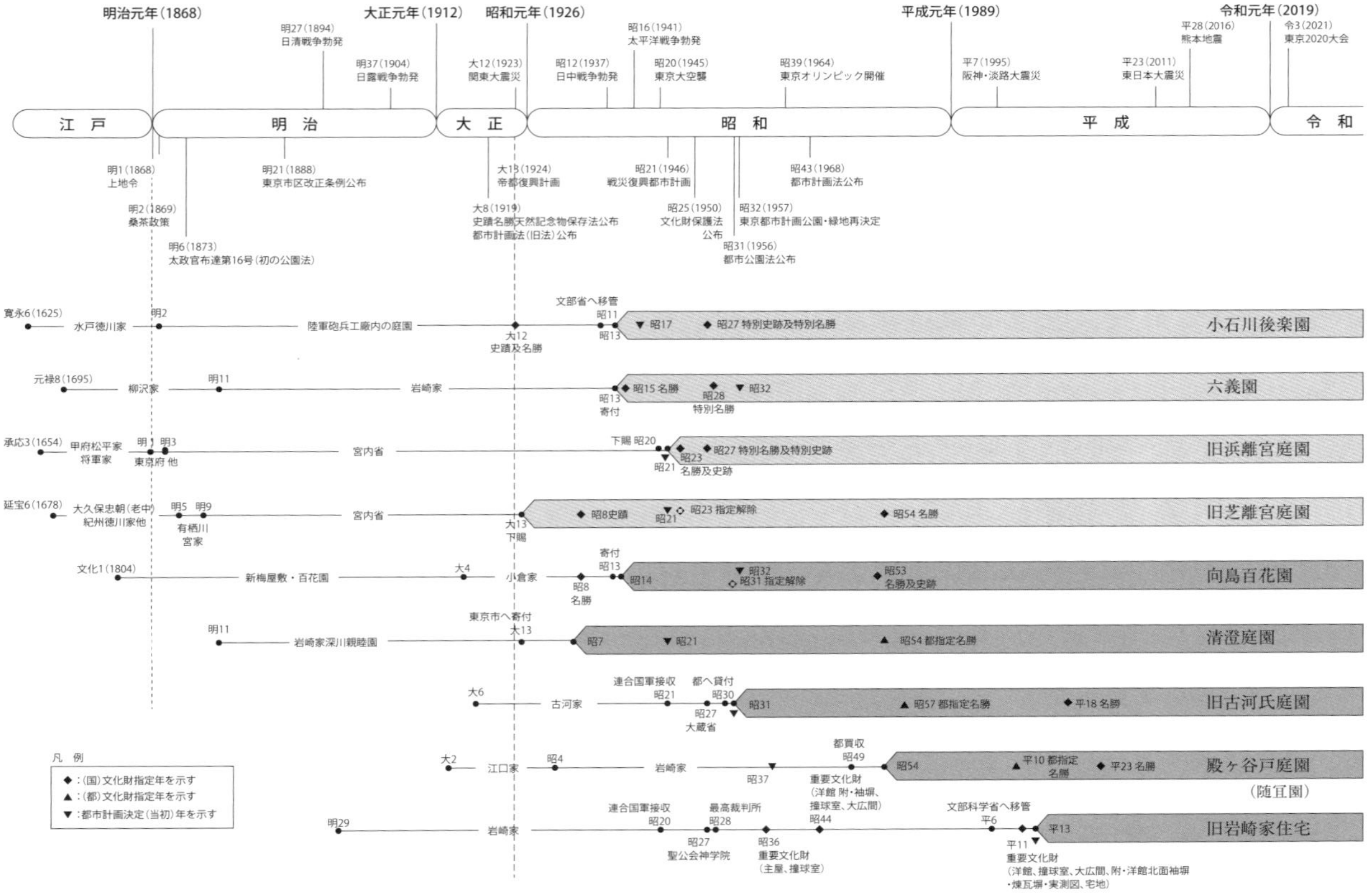

図2　大名庭園（小石川後楽園、浜離宮恩賜庭園、旧芝離宮恩賜庭園、六義園）とその他の都立庭園の変遷〔東京都建設局公園緑地部「東京都における文化財庭園の保存活用計画（共通編）」平成 29 年 3 月を改変〕

となり、名称も浜御殿と改められた。以来、歴代将軍によって幾度かの造園、改修工事が行なわれ、一一代将軍家斉のときにほぼ現在の姿の庭園が完成した。明治維新の後は皇室の離宮となり、名前も浜離宮となった。その後、関東大震災や戦災によって、御茶屋など貴重な建造物が焼失し、往時の面影はなくなったが、現在復元整備が進行中である。

昭和二〇（一九四五）年一一月三日、東京都に下賜《かし》され、整備のうえ昭和二一年四月、有料公開された。昭和二七年一一月には周囲の水面を含め、国の特別名勝及び特別史跡に指定された。

(iii)旧芝離宮恩賜庭園―国指定名勝―

旧芝離宮恩賜庭園の地はもともと葦の広がる干潟の地であったが、明暦（一六五五～五八年）のころに海面を埋め立てた土地を、延宝年六（一六七八）年に老中・大久保忠朝が将軍家綱から拝領して上屋敷とした。忠朝は屋敷を建てるにあたり、藩地の小田原から庭師を呼び庭園を造ったといわれ、当時庭園は「楽寿園《らくじゅえん》」と呼ばれていた。

回遊式庭園の特徴をよくあらわした庭園で、現在は都市開発の影響で汐入の機能を失ってしまったが、作庭当初は汐入の池を中心とした庭園の区画や石の配置が、非常に優れた江戸初期の大名庭園の一つである。

庭園は、幾人かの所有者を経たのち、幕末には紀州徳川家の芝御屋敷となった。明治四（一八七二）年には有栖川《ありすがわのみや》宮家の所有となり、同八年に宮内省が買上げ、翌九年に芝離宮となった。大正一三（一九二四）年一月には、皇太子（昭和天皇）のご成婚記念として東京市に下賜され、園地の復旧と整備を施し、同年四月に一般公開された。昭和五四（一九七九）年六月に、文化財保護法による国の名勝に指定された。

(iv) 六義園—国指定特別名勝—

元禄八（一六九五）年、五代将軍徳川綱吉の側用人柳沢吉保は、将軍より下屋敷として拝領した駒込の地を、自ら設計・指揮し平坦な武蔵野の一隅に池を掘り、山を築き、七年の歳月をかけて造り上げた池泉回遊式庭園が六義園である。

六義園は吉保の文学的造詣の深さを反映した繊細で温和な庭園となっている。庭園の名称は、「詩経」における六つの「体《たい》」のことをいい、紀貫之が転用した和歌の「六体《りくたい》」に由来し「六義」とする。庭園は中の島を有する大泉水を樹林が取り囲み、紀州（現在の和歌山県）和歌の浦の景勝や和歌に詠《よ》まれた名勝の景観が八十八境として映し出されている。

六義園は造園当時から小石川後楽園とともに江戸の二大庭園に数えられていた。明治時代に入り一時荒廃してしまったが、岩崎弥太郎《やたろう》氏（三菱創設者）の所有となり再整備され、昭和一三（一九三八）年に東京市に寄付されて一般公開されることになった。昭和二八年三月三一日に国の特別名勝に指定された。

(v)都内にある大名庭園のなごり

東京都内には、このほか、宮津藩(作庭時は笠間藩)下屋敷であった「旧安田庭園」、高遠藩下屋敷であった「新宿御苑」、盛岡藩下屋敷であった「有栖川宮記念公園」、水戸藩下屋敷であった「隅田公園」、長州藩下屋敷であった「檜町《ひのきまち》公園」、加賀藩上屋敷であった「育徳園」(東京大学三四郎池付近)などが大名庭園の跡地として知られている。また、「ホテルニューオータニ東京」は熊本藩の下屋敷、その後に彦根藩の中屋敷、「ホテル椿山荘」は上総《かずさ》久留里《くるり》藩の下屋敷などホテルの庭園として再整備しているケースもある。

しかし、こうして池泉や地形の一部が公園やホテルの庭となり、大名庭園の面影を留めているところは数えるほどしかない。かつて一〇〇〇か所近く庭園があっただろうことを思えば、江戸のみどりの文化を残すことの大切さが実感される。

1巨大都市・江戸の範囲

徳川家康が江戸に入ったころは周辺を含めて人口は五〇〇〇人程度だった……、それが享保期（一七一六～三六年）ころには武家人口五〇万人を加えて一〇〇万人を超えたといわれている。一八〇〇年ころの主な都市の人口は、パリが五四万人、ロンドンが八六万人、北京が九〇万というから、世界的にみても巨大都市に成長したわけである。

ちなみに、東京二三区の人口は九七六万四六六二人、二三区のなかで一番広い世田谷区が人口も一番で九四万五四人である（二〇二三年五月一日推計）。もちろん、二三区の範囲が江戸の街の範囲ではない。

では、江戸の街はどこからどこまでだったのか。「大江戸八百八町」というけれども、この数は「嘘八百」と同じで、八が多いことを表す慣用句なのだ。なお、中央区にある地名「八丁堀」は寛永年間（一六二四～四四年）に、船の運航のため港から八町（約八七三m）の堀を造ったことに由来するという。

東京都公文書館のサイトの「江戸東京を知る」によると、江戸の町の数は寛文二（一六六二）年で六七四町。延享年間（一七四四～四八）にはなんと一六七八町を数えている。

街の範囲は長い間解釈が定まらず、幕府が初めて統一的見解を示したのは、文政元年（一八一八）のことだという。

朱で線を引いた図を添えて示されたところでは、〈東は中川限り、西は神田上水限り、南は南品川町を含む目黒川辺、北は荒川・石神井川下流限り〉が範囲。二三区に当てると、千代田区・中央区・港区・新宿区・文京区・台東区・墨田区・江東区・品川区の一部・目黒区の一部・渋谷区・豊島区・北区の一部・板橋区の一部・練馬区の一部・荒川区となる。

2 愛宕山から見た江戸の街

　東京二三区のなかの最高峰は愛宕山神社がある愛宕山だ。愛宕神社社殿正面の急な石段は「出世の石段」として知られている。その数八六段。登れば標高二五・七mの山頂に着く。最寄り駅は六本木ヒルズと神谷町が徒歩五分、御成門と新橋が八分と二三区でもとりわけお洒落《しゃれ》な港区エリアにある。

　愛宕神社の総本宮は、京都にある愛宕山の山頂に鎮座する。こちらの標高は九二四m、お参りするには登るしかない。日帰り登山にもお勧めで、参拝者は全国から来るという。

　火伏《ひぶせ》の神様を祀る愛宕神社は、全国におよそ九〇〇社ある。今も昔も火事は怖い。

　港区の愛宕神社は、慶長八（一六〇三）年、江戸に幕府を開いた徳川家康が京都の愛宕山から、軍神である勝軍地蔵（将軍地蔵）を勧請したことに始まるという。

　標高は低いが、〝独立峰〟でもあり、眺めは抜群だったに違いない。茶屋も並んだという し、天保年間（一八三〇〜四四年）に続々刊行された旅行ガイドブックの走りと称される『江戸名所図会』でも〝押し〟の地にあげられている。

　時代は下って幕末。英国初代駐日大使ラザフォード・オールコックは、愛宕山頂上に辿り着いたときの感想を〈ここからながめた江戸湾や、その波が打ちよせる都市の景色は、ほかでは絶対にえられないような美しくてすばらしいものがある〉と滞在記に綴っている。

　大名庭園の復元の際にF・ベアトの写真が参考になったが、彼も当然ながら愛宕山から撮っている。文久三（一八六三）年夏に撮影したとみられるパノラマ写真だ。

　愛宕山から海までの距離は、浜御殿（後の浜離宮恩賜庭園）の沿岸まで一・五㎞ほどだという。写真には、浜御殿も、カワウの引っ越し先になった第六台場も写っている。

第Ⅱ章

失われ変わっていった大名庭園

一節　みどりの街を支えた先はどうなるのか

1　大名庭園を消した明治維新

英国の初代駐日大使ラザフォード・オールコックや植物学者であるロバート・フォーチュンが江戸の街の美しさを称賛した背景にあるのは大名屋敷だといっていいだろう。

江戸三百諸侯といわれるが、江戸の街にはおおよそ三〇〇の大名家が屋敷を構えていたといわれている。その大名が江戸に上屋敷、中屋敷、下屋敷を持っていたとすると屋敷の数は九〇〇ほどになる。大名の多くはそのほかにもお抱え屋敷なども持っていたので、江戸の街に一〇〇〇か所近くあったことになる。

仮に、それぞれの屋敷に大きなものから小さなものまで含めて、そこに庭と呼べる空間があったと考えると、江戸の街には一〇〇〇か所近くの庭が存在していたことになる。江戸の街の面積の約七〇%を占める武家地の多くに庭園が存在し、大名屋敷や武家屋敷の壁越しに庭園の樹木を垣間見ることができたとすれば、江戸の街はみどりの多い街であったことには違いないであろう。

特に大名屋敷に存在する庭園は、江戸のみどりを担う大きな存在であった。実際の大名屋敷の多くは二階建ての長屋が城壁の代わりに建てられており、中を覗くことはできないため、みどりを直接感じることは少なかったであろうが、大名庭園のみどりの維持のために江戸周辺には染井の植木屋に代表されるように、多くの植木屋が生まれ、〝江戸のみどりの文化〟を支えることになった。

江戸時代の浮世絵や江戸時代末期の江戸の街を写した多くの写真にも、家々の間から顔を覗かせる木々の姿を見ることができる。江戸末期に訪れた多くの外国人が街の美しさ、みどりの多いことに感激の言葉を残しているのも頷ける。

しかし、徳川幕府が崩壊し明治維新（一八六八年）になると、みどり豊かで美しかった江戸は一変することになる。大名の屋敷は江戸幕府が大名に貸し与えた土地に建てられたものであり、江戸幕府からの拝領地は明治新政府による上地《あげち》命令（明治元年〈一八六八〉）により接収されたのである。各大名は多くの家臣とともに自らの領地に戻り、家主のいなくなった大名屋敷が残された。当然庭園などは手入れもされず、屋敷とともに荒れ放題の状態となった。

大名屋敷のうち、皇居に近い地域や拠点となる場所にある大名屋敷は明治政府が政府施設として整備し、残りの大名屋敷は民間に次々と払い下げられていった。屋敷が取り壊されるのと同時に庭園も破壊され、江戸の街を美しく彩っていた大名屋敷の多くのみどりは、江戸幕府の崩壊とともに失われてしまった。

2　壊滅的被害を受けた関東大震災

明治維新により宮内省、兵部省、民間財閥など新たな所有者によって維持管理されることとなった大名庭園であったが、思いもよらない壊滅的な破壊にさらされることになる。

その最初の事件が、大正一二（一九二三）年九月一日午前一一時五八分に発生した関東大地震である。規模はマグニチュード七・九と推定され、東京市（当時）の約四割が焼失するなど南関東から東海に及ぶ地域に広範な被害が発生した。死者一〇万五三八五人、全壊・全焼・流出家屋二九万三三八七に上り、電気、水道、道路、鉄道等のライフラインにも甚大な被害が発生した。

石灯籠は倒伏、建物ばかりか樹木も焼失

浜離宮恩賜庭園では、周囲からの延焼によって大手《おおて》門渡《もんわたり》櫓《やぐら》や大手門橋、汐見の御茶屋（海手《うみて》茶屋）等が焼失した。大手門渡櫓は、庭園の正門であり将軍の庭としての威厳を示すもので、渡櫓の焼失は将軍の庭としての象徴を失うようなものであった。また、汐見の御茶屋は、江戸湊《みなと》の景色を眺めるため海沿いに建てられた江戸の大名庭園の特徴を表す御茶屋であった。

小石川後楽園でも大きな被害を被った。記録によると、当日の午後三時ごろに涵徳亭《かんとくてい》の会議室に飛び火し、廊下続きの涵徳亭はあっという間に炎上してしまった（東京砲兵工廠時代涵徳亭には会議室が併設されていた）。その火はさらに会議室の北にある清水観音堂、八卦堂に飛び火し、両者とも全焼した。

そのほか唐門は多少傾斜、徳大寺石は周囲の石組《いわぐみ》とともに地中に倒伏、屏風岩《びょうぶ》（五箇の立石）はすべて倒伏、石灯籠はすべて倒伏など、幕末の荒廃から砲兵工廠の努力によりようやく立ち直り始めていた小石川後楽園は、地震により惨憺《さんたん》たる姿になってしまった。

旧芝離宮恩賜庭園では、明治二四（一八九一）年に建築され多くの外国人賓客《ひんきゃく》を迎えた豪奢《ごうしゃ》な洋館が延焼によって焼け落ちてしまった。その他の建物もすべてが焼失し、特に面積の狭い旧芝離宮は、園内の多くの樹木までも焼けてしまった。

関東大震災は江戸時代から引き継いできた多くの貴重な木造建築物を焼失させ、周囲の樹木まで焼失させてしまった。そして、灯籠の倒伏、石積みの崩壊、護岸の破壊などさまざまな場所に大きな被害を大名庭園に与えたのである。

避難者を救った庭園と命を奪った被服廠跡地

そして、関東大震災によって、都心部に位置し、広大な面積を有する大名庭園にとって、思わぬ機能が見直される事件も発生した。

震災による火災に対して公園、広場、河川等が防火帯となり、多くの人々が公園や広場に避難をしたのである。避難した人々は、上野公園五〇万人、日比谷公園一五万人、宮城外苑三〇万人、芝公園二〇万人など、合計一五七万人とされており、東京市の人口の七〇％以上にあたる人々が公園や広場に逃げ込んだ。都心部にあった四つの大名庭園も他の公園と同様に、火災から逃げ惑う人々の避難場所となったのである。

江東区にある都立庭園の清澄《きよすみ》庭園は、もともと下総国関宿《しもうさのくにせきやど》の藩主・久世大和守《くぜやまとのかみ》の下屋敷であったところを当時岩崎弥太郎氏が買い取り、明治一三（一八八〇）年に洋館や和館を有する三菱の社員の親睦の場や迎賓館として再整備して利用していた。「深川親睦園」であり、そこは周囲をシイ、タブノキなどの常緑樹に囲まれ、中央に池のある大名庭園の構造であったため、震災時炎から逃れてここに逃げ込んだ約二万人の避難者は、焼かれることなくこの庭園で九死に一生を得たのである。

一方、清澄庭園とほぼ同面積であった当時の本所地区にあった陸軍被服廠《ひふくしょう》跡地（幕府の御米蔵「本所御蔵」の跡地）は、公園予定地として未整備の空き地で草木も生えていない裸地状態であったため、周囲からの延焼を防げず約四万人の避難者のうち約三万八〇〇〇人もの人々が命を落とすことになってしまった。

この事件を契機として、都市におけるみどりの空間が火災などから避難者を守るうえで重要であることが明らかになり、みどり多い公園は災害時における都市の貴重な避難空間として意識づけられるようになった。そして、関東大震災の復興計画では、延焼被害の大きかった墨田、台東、江東地区に三つの復興大公園が整備されるとともに、地域の街づくりを目指して小学校と併設した五二か所の復興小公園が整備されることになる。

大名庭園も公園と同様に、都市災害時の存在価値が高まり、大被害を受けた被服廠跡地にできた震災慰霊堂の傍らには小さな日本庭園が整備されたのである。

3　複合的被害を受けた第二次世界大戦

もう一つの破壊が、第二次世界大戦による戦災である。

昭和一七（一九四二）年四月一八日に、アメリカ軍による初めての日本本土空襲が行なわれた。その後、東京は、昭和一九年一一月から終戦までの間一〇〇回を超える空襲を受け多大な被害を被った。特に昭和二〇年三月一〇日の「東京大空襲」では、現在の墨田、台東、江東区を中心に焼失面積は四〇㎢に達し、死者は一〇万人以上となった。

焼け野原になった東京で庭園の荒廃は進んだ

度重なる空襲によって、東京の街が壊滅状態の焼け野原となるなか、震災でわずかに残っていた大名庭園の構造物や樹木の大部分も延焼で灰燼《かいじん》に帰してしまった。

浜離宮では昭和一九年一一月の空襲により、中島《なかじま》の御茶屋など大泉水（潮入の池）の岸辺にあった松の御茶屋、鷹の御茶屋、燕《つばめ》の御茶屋が焼失し、震災時に奇《く》しくも焼け残っていた御茶屋群がすべて焼失してしまった。内堀に囲まれた籾倉《もみぐら》も焼けて長い時間くすぶり続けていた。

空襲による延焼では多くの樹木も焼け焦げ、江戸時代から残されていた貴重な歴史的建造物はこのとき全部が焼失。唯一、樹木の間に建つ宮内省の官舎（現在の芳梅亭《ほうばいてい》）が焼け残ったのであった。

小石川後楽園では昭和二〇年五月の空襲により、最も重要な建造物であった唐門はじめ、東門、丸屋等が焼失し、周辺の樹木、特に棕櫚《しゅろ》山（木曾山）のシュロの密林の焼失は甚大であった。園の北側にある台地に高射砲陣地があり、現在の後楽園ドーム一帯には機関砲隊・通信隊・防空隊・自動車隊などの軍の施設があったため、米軍の空襲目標となったのである。

旧芝離宮はすでに関東大震災により主要な建物は焼失してしまっていたため、空襲による被害は樹木の焼失のみではあったが、庭園はさらに荒廃した。

六義園は、昭和二〇年の空襲により心泉亭、滝見ノ茶屋、吟花亭が焼失し、残った建物はつつじ茶屋だけであったが、幸いにも、園内樹木は大きな被害を受けなかった。

財ではなく材としての価値？　そして残った地割

戦時中は小石川後楽園に対して軍用材として適格なものを調査し提出を求め、戦後には、焼損した樹木を燃料として伐採したいとの申し入れがあったことが当時の庭園管理者の記録に残されている。これは後楽園に限ったことではないが、このことからも、資材不足の日本において戦中戦後は社会全体が悲惨な状況に陥っていたという証でもあり、文化財を語れる状況ではなかったことを物語る事実でもある。

関東大震災と第二次世界大戦による二度にわたる徹底的な破壊によって東京に残された大名

庭園は、ほぼすべてが破壊されてしまい、園路や池の地割だけが残されるのみであった。

しかし、庭園の地割が残されていたことが再生に寄与したのである。地割が残されていたため、園路の位置、池の汀線《ていせん》などから、どの位置でどのような景色を楽しもうとしたのか、どのような景色を造り込んでいたのか、江戸時代の絵図等を参考にしながら、後に実施されることになる大名庭園の再生事業（「東京都における文化財庭園の保存管理計画」、73頁参照）にとっては、貴重な資料として活かされることになったのである。また、幸いにして、明治期以降は大名庭園が写真に残されていたため、それらの写真に基づき施設については再生を図ることが可能となった。

4　戦後復興期に利用されて

みどりの公共空間として再生を図る

昭和二〇（一九四五）年一一月三日、終戦の日から二か月半経たずして、浜離宮は宮内省から東京都に下賜された。東京都は、資材不足のなかで園路の補修や仮設の便所を設置して昭和二一年四月一日、浜離宮恩賜庭園として開園、一般公開された。戦争で疲弊した多くの都民に対して、憩いの場、慰安の場を提供するためであった。かつて徳川将軍や皇室など限られた人だけが楽しめる庭であったものが、だれもが楽しめる庭になったのである。

当時の庭園管理日誌によると、公開初年度の総来園者数は七万九四八九人であった。樹木が焼け焦げてしまったとはいえ、浜離宮はまだまだほかに比べればみどりの多い場所であった。人々は庭園のみどりを楽しみ、東京湾の静かな海を眺め楽しんだ。

しかし、浜離宮は昭和二二年から進駐軍の米軍演習場として利用された時期があり、第一次に引き続き第二次の演習が終了したのは昭和二四（一九四九）年五月二日であった。演習は数日間の規模ではあったが、園内をトラックやジープで乗り回すなど庭園施設の被害は少なくなかった。

戦後の失業者があふれるなか、職業安定機関が労働者に就労の機会を与え、必要な労働力を提供するため昭和二二年に職業安定法が制定された。これに伴い、簡易失業事業による荒廃した公園の片づけが始まった。

浜離宮などの大名庭園においても、空襲によって被害を受けた施設の修復が急ピッチで行なわれ、多くの樹木が植栽され、護岸も園路も補修工事が進められていった。工事の担い手は簡易失業事業で集められ、庭園の維持補修は徐々にではあるが確実に進められていった。

その後、戦後の混乱した社会情勢によって続出した失業対策救済の方法として昭和二四年に「緊急失業対策法」が制定された。この法に基づき、さらに多くの労働者が庭園の復旧に投入され、浜離宮の芳梅亭（集会場）の改修、便所の修理、護岸の改修工事、木橋の改修などが着実に進められていったのである。

一方、運営に関しては、暗中模索のなかでさまざまな試みが行なわれていた。当時の大名庭園は、江戸時代の歴史や文化を伝える貴重な歴史的遺産・文化財としてではなく、施設が焼失し多くが崩壊してしまってはいるが、一面が焼け野原となっている東京の街にあって、わずかながらに残された貴重なみどりの空間であった。

焼け野原の東京を復興させるために働き、苦労している都民に憩いの場所を提供したい。庭園をいかに利用してもらうか、楽しんでもらうかが課題であった。浜離宮を戦後数か月で都民に開放したのもその理由の一つであり、開園後は、青く広がる東京湾を眺めるために、多くの家族連れやカップルが訪れたといわれている。

貸ボートや「鯉来い橋」、娯楽の提供が模索された

このような状況のなかで、都民への娯楽の提供としてさまざまな取り組みが実施されていったのである。浜離宮では昭和二一（一九四六）年にテニスコートが、現在花畑や内庭広場となっている場所に整備され、昭和二三年に使用が開始された。昭和二五年には大泉水で貸ボートを始めた。しかしこれは、大名庭園の景観にそぐわないとの理由から翌年廃止になった。

六義園では昭和二五（一九五〇）年一月には心泉亭再建工事が始まり、熱海ノ茶屋（現：吹上の茶屋）の修理も開始され、三月には錦鯉を長野県から購入し池に放流した。四月に入ると新装となった熱海ノ茶屋に東京都公園協会経営の売店が開業し、吹上の浜には錦鯉観賞用の桟《さん》橋《ばし》「鯉《こい》来《こ》い橋《ばし》」が造られ、来園者はこの桟橋から鯉に餌をあげて楽しんだ。なお、この鯉来い

橋は文化財指定の観点から相応しくないと判断されて、二年後に撤去された。

昭和三〇年代後半から始まる高度経済成長により日本は目覚ましい発展を遂げた。その間、経済優先の社会のなかで至る所で公害問題が発生し、交通戦争と呼ばれる社会現象まで現れた。東京でも都市部への人口、経済の集中が進むと、都市の過密化による交通渋滞、大気汚染、水質汚濁、自然破壊などさまざまな都市問題が発生することとなった。このような状況のなかで、浜離宮などの大名庭園は都立庭園の一つとして、貴重なみどりの憩いの場としての役割を果たしていたのである。

二節　文化財保護へかじが切られて

1　文化財指定された大名庭園の保護と利用

明治以降、鉄道の敷設、道路の開通、工場の建設等、我が国の産業革命と地域開発の波が各地の社寺の解体や樹木の伐採など歴史的環境をしだいに変えていった。こうした中で、明治三〇（一八九七）年「古社寺保存法」が制定された。また大正八（一九一九）年には「史蹟名勝天然記念物保存法」が制定され、史跡、名勝の保存が図られた。その後、昭和四（一九二九）

年の「国宝保存法」の制定によって保存の対象は広げられ、社寺や宝物、史跡だけでなく植物等にまで及ぶこととなった。

しかし、第二次世界大戦中には、世界中で戦災により多くの貴重な文化財が失われた。日本でも戦後復興のさなか、昭和二四（一九四九）年には、法隆寺の金堂壁画が焼損する火災が発生し、世界最古の木造建造物の壁面に描かれた、飛鳥芸術の真髄を伝えてきた壁画が焼失してしまったのである。

これを契機として文化財保護の世論が巻き起こり、戦前の法律を統合・拡充する形で文化財保護法が昭和二五（一九五〇）年に成立し、文部省の外局として文化財保護委員会も設置されるなど、この時代に文化財の保護体制が整った。なお、同委員会は昭和四三（一九六八）年に文化局と統合し文化庁となった。

特別名勝・特別史跡に大名庭園を指定

浜離宮は昭和二三（一九四八）年一二月に国の文化財保護法（旧法）に基づき名勝及び史跡に指定され、その後昭和二七年一一月には周囲の水面も含めて特別名勝・特別史跡に指定された。小石川後楽園も昭和二七年三月に特別史跡・特別名勝に指定された。六義園は昭和二八年三月に特別名勝に指定され、旧芝離宮は昭和五四（一九七九）年六月に名勝に指定された。江戸時代から続く貴重な大名庭園が、それぞれ国により文化財として認められたのである。

特に、特別名勝と特別史跡の二重指定された庭園は、浜離宮と小石川後楽園のほかに、金閣寺（鹿苑寺）、銀閣寺（慈恩寺）、毛越寺《もうつうじ》など七か所しかなく、国内で九か所のみの貴重な文化財として位置づけられた。

戦後復興期のなかで発生した法隆寺の壁画火災によって文化財行政は大きく転換し、新たな時代に向けて着実に進められることとなったが、昭和三〇年代半ばから始まる日本の高度経済成長により、国民生活については豊かさを感じられるまでに成長を遂げるなど、日本の社会は戦後の復興期から成長の時代へと変わっていくのであった。

来園者の目的と利用方法

その一方で、急激な経済成長の陰の部分として、物価上昇、公害の発生などの負の遺産も生じるとともに、経済格差なども生まれてきた。今まで豊かな生活を目指して周りのことには目もくれず走り続けた生活から、人々は身近な環境や身の回りの社会の変化にも目を向けるようになり、福祉行政が広く望まれる時期となるのである。

東京都においても福祉行政が重要な政策の一つと目されるようになり、昭和四〇年代になると老人医療費の無料化といった施策が進められていった。この時期の東京都の主要施策は福祉対策であり、高福祉・公共サービスの無料化といった施策も進められていた。その公共サービスの無料化の施策の一環として、昭和一三（一九三八）年以来有料だった庭園の入園料が昭和四七（一九七二）年から無料化された。

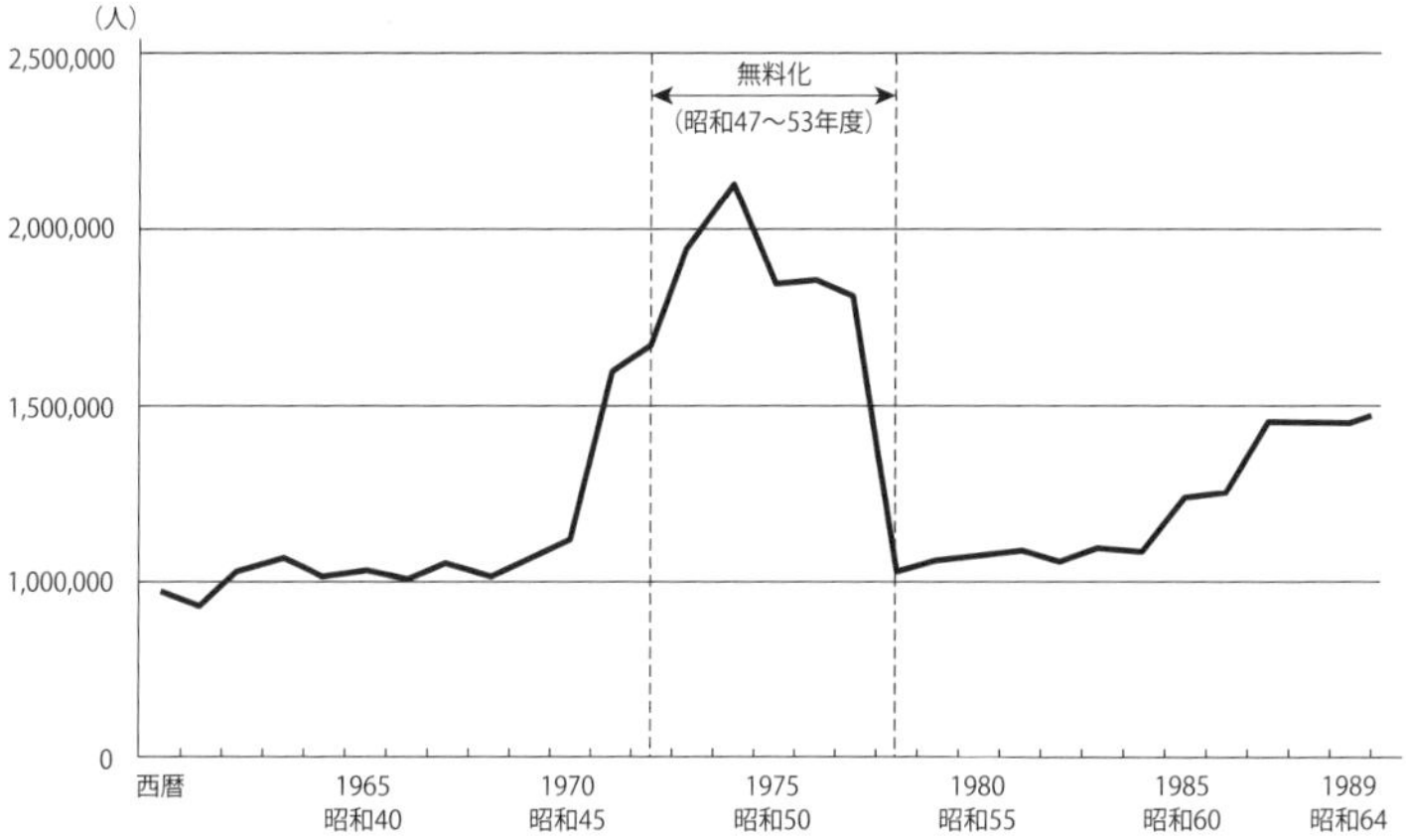

図１　都立庭園の来園者数の推移①――1960（昭和 35）年から 1989（昭和 64）年まで――
入園料の無料化は急激な来園者の増加を招いたが、その廃止（再有料化）とともに以前の来園者数に戻った。また、昭和 48（1973）年に起きたオイルショックの影響で、庭園を含めた公園整備の計画予算が３分の１程度にまで縮小されるなど厳しい状況に置かれた。来園者数が増加に転じるのはバブル経済が到来する　昭和 60（1985）年以降になる〔東京都建設局「東京都における文化財庭園の保存活 用計画（共通編）」（平成 29 年３月）より作成〕

その結果、庭園への来園者の数は増加したのだが、庭園の利用方法が、鑑賞する場所から遊び場へと変化してしまった。文化財として指定された庭園が遊び場として利用される事態となった（図1）。

旧芝離宮が昭和五一（一九七六）年に実施した来園目的調査によると、庭園や草花の鑑賞及び休養や散歩という庭園本来の利用目的の来園は六〇〜七〇％で、遊び場としての利用を目的とする人は一七〜二九％の結果であった。ちなみに、平成一〇（一九九八）年に東京都公園協会が行なった庭園利用者に対するアンケート調査の結果では、利用目的の四九％は散歩目的、四一％が静かでくつろげるから、三一%が見学・観光であり、子供の遊び・学習の場は四%に過ぎなかった(複数回答)。

二つのアンケート調査には二二年という大きな時間的隔たりがあるが、昭和五一年当時はまだ文化財としての庭園の利用や活用についての認識が十分に広まっていなかったことが、このアンケート調査結果から伺い知ることができる。

当時の公園管理者からの話を聴くと、庭園の無料化により遊びを目的に来園する人が増えるようになり、庭園の細い園路を自転車で走り回ったり、大泉水で魚釣りをするなど、本来の庭園利用に反するような行為がどの庭園でも目立つようになったというのである。戦後、多くの都民にみどりと安らぎの空間を提供しようと、公園も庭園も同じ管理方針であったのであるが、同じ都市空間にあっても鑑賞や慰安を目的とする庭園と、活動的な遊びの場、スポーツの場など都市の自由な空間としての公園との利用方法を区別しなければならない状態になってきていたといえる。

庭園管理の明確化―公開時間制限と有料化

このような背景のなかで、江戸時代から続く大名庭園が、本来の利用の仕方とは違った遊びの場として使われ、荒廃が進む状態を目のあたりにした東京都は、昭和五一(一九七六)年二月に都知事の諮問機関である東京都公園審議会に対して、文化財庭園の管理のあり方はどうあるべきかについて諮問することになった。

そして、昭和五三（一九七八）年一一月に「文化財庭園の管理のあり方」の答申を得た。審議会答申は、都立庭園の無料開放に伴い園内が荒廃したことに対して、改めて文化財庭園の管理のあり方を明らかにしようとしたものであり、これにより文化財庭園の管理の基本方針が定められた。この答申は、東京都における初めての文化財庭園における管理方針となった。都立庭園は、東京都における都市公園の一つとして公園と同様に管理されていたのだが、この答申以降、庭園は公園とは違うものであり、庭園は公園とは違った観点で維持管理していかなければならないといったことが明確に示されることになったのである。

審議会では公開に際する入園料の徴収（有料化の復活）とともに、公開時間の制限などが改めて議論された。これらはそれまでの自由公開のために生じた庭園の荒廃に抗する手段として考えられたものであり、自由にいつでも利用できる一般開放公園と、塀などで囲い管理された庭園の違いを明確にしたものといえる。

庭園の管理運営といった面では、案内板の整備、パンフレットの充実、庭園ガイドの実施などの案が出されている。それらは、文化財庭園の活発な利用とともに庭園の利用方法や鑑賞方法、庭園に対する理解を深めることができる解説書など、庭園本来の鑑賞の場として利用してもらうための一環として考えられていた。

そして、価値観を高め過度の利用を防ぐための有料化、入園制限及び公開時間の制限を行なうこととし、公開時間の制限（午前九時から午後五時まで）と有料化が具体策として答申に盛り込まれた。その結果、昭和五四（一九七九）年四月一日、答申に沿って都立庭園は再び有料となった。そして、昭和五八年には浜離宮のテニスコートは廃止になるなど、庭園は公園とは違った見せ方、利用の仕方があるといったことを次々と具体化していった。

審議会の答申により、庭園管理は大きな方針転換を迎えることになったのである。

三節　復元に向けて動き出す

1　保存と利用を図るという文化財庭園の位置づけ

昭和五三（一九七八）年の「文化財庭園の管理のあり方」の答申内容は、東京都にとって初めての庭園管理についての方針ともいえるべきものであり、庭園に対する概念や管理運営に関する基本的考え方がまとめられた内容となっていた。答申の対象となった庭園は、浜離宮、小石川後楽園、旧芝離宮、六義園といった大名庭園が中心であり、基本的考え方も江戸の大名庭園を対象にした考え方となっている。

その基本的考え方として、「庭園は一般公園とは違って個人が楽しむために造られた庭であり、一度に多数の利用が困難であるといった構造特性を有しているため、公開にあたって特別の配慮が求められること」そして、「庭園の管理運営については、江戸東京の風土に根差した作庭技法に日本文化としての歴史的価値があるので高水準の管理が不可欠であること」等を述べたうえで、利用と保護の調和を図るべき具体策や管理体制について述べている。

つまり、庭園は広い園路があるわけではなく、木々に覆われた園路、踏み石の園路など一度に大勢が利用できる構造にはなっていない。それは、作庭意図に則って景色の見え隠れを演出したり、樹木の密度により明暗を生み出したり、飛び石により視線を誘導したりする、それこそが庭園の持つ演出技術であり作庭技術なのである。来園者数に応じて園路の幅を広げるとか、安全を考慮して飛石をなくすといったことは、庭園の本質的な価値や魅力を損なうものということである。

そして、庭園の作庭意図を尊重し理解したうえで、維持管理していかなければならない。また、庭園の景は、作庭当時の史跡や名勝、和歌の文化、中国思想など、江戸文化の粋が集められたものであり、庭園の景を築庭する庭園技術は江戸の気候に根差した植物や石などの材料から構成されている。そのような文化や庭園技術を理解したうえでの維持管理が必要となってくる。

また、庭園は文化財ではあっても、利用し、使うことによって初めてその魅力や価値を理解できるものである。そのため、庭園を適切に保存するとともに、いかに利用していくかを考えていくことも庭園管理の重要な課題となってくる。大切な文化財庭園であるからといって、人の立ち入りを禁止したり、遠くから眺めるだけの施設にするのではなく、細く薄暗い園路や、飛び石を歩んでもらう、そしてその先に広がる景色を見て感動してもらうことによって、庭園の魅力や価値を体感してもらうことができる。

そのためには、事前の注意喚起が必要であるし、最低限の安全対策は必要となってくる。どのような安全対策や施設の保全対策が必要なのかを考慮しながらも、庭園を利用してもらうことを前提に維持管理していくことが必要である。

答申の中では、以上のような施設の維持管理手法と利用の推進の基本的な考え方を踏まえ、今後の維持管理が進められなければならないということが述べられ、利用と保護の調和を図るべき具体策や管理体制を示している。そのなかには「文化財庭園であることの自覚をもって、今後の庭園管理を進めるべきこと」とある。

答申の内容を踏まえたうえで、保存・復元・管理手法の具体的な計画を検討することが次の段階として求められたのである。

2　中島の御茶屋を三九年ぶりに復元

最初に復元工事が手掛けられたのは浜離宮にある中島の御茶屋だった。昭和五七（一九八二）年、五八年に実施されたのであるが、この工事において東京都は、文化財庭園の保存・復元・管理の計画がどれだけ重要であり、なくてはならないものかを実感することになる。

浜離宮の中島の御茶屋は、庭園の築庭と同時期の宝永四（一七〇七）年に建築されたといわれており、庭園の中心的建造物でもあったが、昭和一九（一九四四）年一一月の空襲により焼失していた。戦後、徐々に復旧が進んでくるに従い、庭園の象徴ともいうべき中島の御茶屋の復元は庭園管理者の悲願ともなっていった。それが三九年ぶりに復元されることになったのである。

しかし、まだ復元方針などが定まっていないなかでの文化財庭園の復元事業は、いつの時代のどの姿に復元するのか、材料は、工法は、根拠資料は、といったさまざまな課題が文化庁から投げかけられ、そのつど調査を行ない、検討会を開き、一つ一つ決めていかなければならなかった。それは初めての体験であり、文化財の復元がいかに困難であるかを知る最初の事例となった。

文化財として指定された庭園は「文化財保護法」により守られており、その施設を復元する場合においても同法第八〇条（現状変更等の制限及び原状回復の命令）に基づき、文化庁長官の許可を受けなければならない。その流れとしては、文化財を所管する各役所を通過しなければならず、まず申請者は区市町村教育委員会との事前調整を済ませた後、区市町村教育委員会から都道府県教育庁に意見書を提出、そこから文化庁へ意見書が提出され、文化庁から文化審議会文化財分科会へ申請内容が諮問される。審議後文化審議会から文化庁に答申が出され、文化庁から都道府県教育庁に許可通知が出される。それを受け都道府県はその許可通知を区市町村教育委員会に通知し、区市町村教育委員会から申請者に許可通知が伝達される仕組みとなっている。

文化財を復元していくためには、これだけの手続きを踏んでやっと事業に着手することができる。中島の御茶屋の復元工事は、まさにこの手続きを一つ一つクリアしながら進めていったのである。

この工事の経験から、文化財庭園を計画的に事業として復元していくためには、審議会答申に基づき具体的な計画を策定することが重要であり、文化財の価値を明らかにしたうえで復元方針やその後の活用の考え方等を定める必要があることを身にしみて感じることとなったのである。

3　イコモス総会で課題とされた「木・修復の文化」

この時期、文化財庭園の保存管理に関する世界的な動きも見られた。昭和五七（一九八二）年には、フィレンツェ歴史的庭園憲章がイコモス総会——イコモス（International Council on Monuments and Sites(ICOMOS)：国際記念物遺跡会議）は、人類の遺跡や歴史的建造物など文化遺産の保全のための国際組織で、ユネスコの諮問機関——で採択され、文化財庭園を生きている記念物（living monument）と定義することによりその特性を踏まえ、歴史的庭園のあらゆる修復作業、とりわけ復元作業は、発掘から関連庭園に関する全資料の収集に至る徹底した先行調査の後でしか実行してはならない（第一五条）ことや、性質上本来、歴史的庭園は平穏な場所であり、人とのふれあい、静寂、自然への傾聴に導く場所である（第一九条）といった、保存管理及び修復、活用の基本原則が示された。

この憲章が示した周期的変化を尊重する保存管理の必要、修復における復元の考え方、活用の考え方は以後の文化財庭園の再生事業を進めるにあたって大きな影響を与えていくことになった。

後のこととなるが、平成六（一九九四）年に奈良市で開催されたユネスコの国際会議「世界文化遺産奈良コンファレンス」では、世界遺産において「木・修復の文化」とどう向き合うかが議論された。

文化遺産は歴史的芸術的に本物であること、修復などにおいては材料・構造・工法が建造当時そのままであること、自然遺産では手つかずの自然であることといった真実性が求められる。かつては、建造された当時の状態がそのまま維持・保存されていることが重視されていたが、これは西欧の石の文化に基づくもので、日本やアフリカなどの木や土の文化には必ずしも適していなかった。

木造建造物等は材料が腐朽《ふきゅう》しやすいために、定期的に劣化した材料を交換するなどの大規模な保存工事を必要とする。しかし、この手法は、ヨーロッパの石の文化のようにできるだけ現状のままとする最小限保存措置法とは、全く異なった保存法なのである。

会議では、欧州の石造り文化圏とアジアの木造文化圏における文化遺産修復についての考え方の違いを認識し、互いに多様な文化とその修復方法を認め合う精神が確認された。そこで採択された「真実性に関する奈良文書」（以下、奈良文書）は、「遺産の保存は地理や気候、環境などの自然条件と、文化・歴史的背景などとの関係のなかですべきである」とされた。

地域特有の文化に応じて、真実性が保証されるのであれば、遺産の解体修理や再建などが可能になったのである。これは、日本の木造建築のみならずアジアやアフリカなど多様な文化遺産に扉を開いたものであった。

奈良文書により、文化財における真実性についての理解は分かりやすくなったが、これを契機に庭園における真実性（authenticity）の問題は都立庭園の再生事業を進めるうえで重要なテーマとなっていった。

4　文化財庭園の復元事業が動き出す

「文化財庭園の保存・復元・管理等に関する計画」の策定

東京都は、まず復元のための計画をつくるために、都立庭園の実態を把握することから始めなければならなかった。

こうして、昭和六二（一九八七）年度に東京都は、委員長に文化庁文化財保護審議会専門委員・文化庁文化財指定庭園保護協議会会長（当時）の吉川需氏、そして東京大学農学部教授（当時）井手久登氏、東京農業大学農学部教授（当時）進士五十八氏、日本庭園協会常務理事

（当時）龍居竹之介氏の三名を委員とし、そのほか担当する東京都建設局公園緑地部部長、課長等三名を加えた七名の文化財庭園に係る専門家及び行政職員で構成される「東京都における文化財庭園の保存・復元・管理等に関する調査」委員会を設置した。

委員会では、東京都民の貴重な歴史的文化遺産である「江戸の庭園」のうち、国指定文化財庭園である小石川後楽園、浜離宮、旧芝離宮、六義園、向島百花園の五庭園を主たる対象として、各庭園の史資料を収集し、その歴史性や文化性を明らかにしたうえで、調査を開始することとした。

この調査は、どの庭園のどの部分をどのように扱っていくべきか、どの部分を復元すべきかといったことに対して、史実に基づいて保存と復元の対象を検討することであり、「庭園変遷史から見た保存・復元の必要性」として整理した。そして、江戸庭芸に熟達した作庭技術家による実地調査を徹底的に進め、その結果をさらに関係者のヒヤリングで補い、各庭園を文化財庭園として見たときの改修点、復元点などを実測図に記入したり、スケッチで示したりしたもので、「実地調査からみた保全・復元の対象と技法」として整理した。こうして昭和六三（一九八八）年度に調査報告書を完成させた。

引き続き、平成元（一九八九）年度に、学識経験者からなる「文化財庭園の保存・復元・管理等に関する専門委員会」（以降、専門委員会）を設立。昭和六二・六三年度の構想・計画調査をもとに計画案を取りまとめ、平成二年五月、その成果として「文化財庭園の保存・復元・管理等に関する計画」を策定し、文化庁への説明を完了させた。

その計画の基本方針は、以下の通りにまとめられた。
一、庭園を適切に保存し、次代に伝えていく、
二、庭園を計画的に修復・復元し、適切に管理していく、
三、庭園を適切に公開する、
四、庭園を江戸庭芸の伝承の場としていく、ことの四つとした。
そして、庭園の適切な管理については、「庭園の保存のために利用者を排除することなく、保存を第一に優先させつつ、都民が直接に江戸の空間文化に触れ合うことができるよう庭園の公開を図る」とあり、公開することの重要性について述べながら、適正利用に工夫を凝らすことにも触れている。

具体的には、通年開園はサービス向上に必要な措置ではあるが、建築物や植物の維持管理には庭園を休ませる必要があり、公開時間の制限、短縮などの措置、維持作業職員の充実の必要性を挙げている。また、ソフト面では、有料入園制限の継続、総入園者の制限、低年齢層の入園制限、あるいは付き添いの義務の設定、利用マナーの徹底などを挙げている。

さらに、利用者に文化財庭園であることを認識させる意味でも、パンフレットの製作配布、庭園鑑賞への手引きと説明、鑑賞マナーの指導、案内板の整備拡充といったことが挙げられていた。

「東京都における文化財庭園の保存管理計画」の策定

その後——平成二（一九九〇）年の「文化財庭園の保存・復元・管理等に関する計画」の策定から一四年間かけて——、東京都は各庭園の史資料等を収集し、その歴史性や文化性を明らかにしたうえで、保存管理の検討及び推進について検討を進め、平成一六（二〇〇四）年六月に対象とする庭園の保存及び管理の具体的な計画となる「東京都における文化財庭園の保存管理計画」（以下、保存管理計画）を策定し、文化庁長官へ提出した。

これによって、東京都はこの保存管理計画に基づき五つの庭園（平成二二年度に旧古河庭園が加わり六庭園となる）の復元事業が計画的に実施されることになったのである。保存管理計画は、他に例のない初めての文化財庭園の具体的な復元計画であり、庭園ごとに庭園のどこをいつごろ修復する計画であるのかを短期、中期、長期とまとめたものとなった。

保存管理計画の冒頭には計画の目的が次のように記されている。

「文化財庭園の保存や復元を行ない、その価値を高めるとともに、庭園を貴重な歴史的文化遺産として保護し、次世代へと伝えていくことである。また、同時に、文化財庭園の魅力を引き出すことで、都民が誇れる「水とみどりと歴史」を有する貴重な拠点となり、多くの人々に利活用されることにより、現代の文化的生活の向上に寄与するものである」

文化財庭園は、従来、文化財として指定されているということから、手をつけずに大事に守る、保存しておくといった保存管理の考え方が主流であった。しかし、それでは文化財としての価値や魅力を多くの人々に伝えることは難しく、理解を得ることもできない。庭園は生きた文化財であるからである。実際に庭を歩き、場の空気を体感して初めてその素晴らしさを感じ取ることができる。そのためにも、史資料に基づいた当時の風景の復元、そして、当時の庭園の楽しみ方、利用方法を参考にしながら現在の楽しみ方を模索していく必要がある。

昭和五三（一九七八）年、文化財庭園についての基本的な管理方針が初めて出されてから実に二六年の時間を経て、具体的な計画が策定された。以降、この保存管理計画に基づき東京都の文化財庭園の保存管理事業は進められていくことになる。

次章では、その具体的なあり方を浜離宮恩賜庭園の修復工事を通して紹介していこう。

3 江戸の園芸ブーム

奈良時代に貴族のあいだで始まった花見は梅。中国から入った文化だという。その後、花見の対象は桜や菊が加わっていく。江戸時代に入り泰平の世になると、貴族や武家など上層の人に限られていた花見が庶民にも広がる。

八代将軍徳川吉宗が行なった「享保の改革」の一環として植樹政策がある。享保二(一七一七)年から隅田川の堤に桜の植樹を開始。享保五年には飛鳥山に二七〇本、翌年には一〇〇〇本の桜を植え、松や楓も加えて景観を整え、庶民に開放したという。吉宗は、お金のかかる芝居見物などに代わる娯楽の提供を意図したのだった。

時代を遡って、初代徳川家康、二代秀忠、三代家光は無類の植物好きだったといわれている。ちなみに現在、宮内庁が保存する「三代将軍」と銘うたれた五葉松の盆栽は、家光が愛蔵していた。

三代続く将軍の植物好きは江戸に住む藩主や武士にも波及していき、やがては江戸を園芸都市にならしめた。これには大名庭園を支える築庭の技術者、植木屋等の存在も大きかっただろう。植木鉢の普及にあいまって庭を持たない長屋暮らしの江戸っ子たちも園芸ブームの一翼を担った。

本文で紹介したロバート・フォーチュンは、植物学者であり、中国のお茶をインドに持ち込んだ経歴を持つプラントハンターだ。万延元年(一八六〇)来日、帰国後に本を出した。この『幕末日本探訪記～江戸と北京～』(三宅馨訳、講談社、一九九七年)には、団子坂、王子、染井の各所には広大な植木屋があり、江戸に来た目的の一つはこれらの場所の調査をすること、などとある。なお、ソメイヨシノは染井村で品種改良された。吉宗の時代にはまだない。

第III章 浜離宮恩賜庭園における修復・復元

一節　「中島の御茶屋」の復元から考える

1　「中島の御茶屋」の復元

憩いの空間を文化財として見直す

江戸の大名庭園は、先に記したように明治維新に始まり、急速な都市化、関東大震災、戦火等の打撃を受け、消滅あるいは崩壊を余儀なくされた。傷つき形を変えてしまった大名庭園を蘇らせていくためにどのような取り組みが行なわれてきたのか、具体的にどのような修復・復元工事が実施されてきたのだろうか。

江戸の四つの大名庭園（浜離宮恩賜庭園、小石川後楽園、旧芝離宮恩賜庭園、六義園）は、時代の変遷のなかで、戦後は長らく都民のみどりの憩いの空間としての役割を求められていた。それが、昭和五〇（一九七五）年代以降、いわゆる日本における高度経済成長の後、社会が身近な環境に目を向け始めたころ、江戸の大名庭園も文化財としての価値が見出されていったのだった。

そのような状況のなかで、浜離宮恩賜庭園では、焼失した御茶屋の復元が実施されたのである。それは苦労の連続ではあったが、その後の東京都における文化財庭園の復元計画を作成していくうえで、大きな役割を果たすとともに、復元事業推進の意味からも重要な事業となった。そして、東京都の正式な計画である「東京都における文化財庭園の保存管理計画」に基づく事業についても浜離宮恩賜庭園が先行して実施されることになるのである。

そこで、浜離宮恩賜庭園を事例として、当時の記録を参考にしながら復元工事の実際を記そう。

なお、現在の正式名称は都立浜離宮恩賜庭園であり、文化財としての名称は旧浜離宮庭園となっているが、江戸時代には「浜の御殿」、「浜苑」、「浜の邸」などさまざまな呼び方があった。ここでは、江戸時代については浜御殿と呼ぶことにし、明治時代以降の呼び方を浜離宮として呼ぶことにする。庭園については敢えて浜離宮庭園と呼んでいる個所もある。

基礎を残してなくなった
中島の御茶屋

承応三（一六五四）年、将軍家の鷹狩場で一面の海辺の蘆原であった地を、徳川四代将軍家綱より拝領した弟の甲府宰相松平綱重は、海を埋め立てて甲府浜屋敷と呼ばれる別邸を整備した。それが浜離宮恩賜庭園の始まりである。

その後、綱重の子の綱豊（家宣）が六代将軍になったのを契機に、この屋敷は将軍家の別邸となり、名称も「浜御殿」と改められた。家宣は園地の遊覧を好み、宝永四（一七〇七）年に大改造を行ない、中島の御茶屋、汐見の御茶屋（海手茶屋）、大手門、大泉水と横堀（潮入の池）などの施設を整備し庭園としての骨格を形成した。

浜御殿は大泉水を中心として景観が構成されており、将軍や賓客の饗宴の場として利用していた「中島の御茶屋」から眺める景色、大泉水に浮かぶ中島の御茶屋の優雅な景色が特徴でもあった。

しかし、明治維新の大変革の時期を乗り越え、関東大震災による被害も受けずに江戸時代の面影を残していたその御茶屋が、第二次世界大戦時の空襲によって焼失してしまい、基礎部分だけを残した無残な姿となってしまっていた（図1）。

昭和三三（一九五八）年、国や都の経済の立ち直りにより、東京都の公園緑地等の予算は大幅に増額された。その勢いのなかで中島の御茶屋復元に向けた予算確保の取り組みが始まったのである。

設計にあたっては、慶長年間から続く宮大工の名家を継ぐ建築家の伊藤平左ヱ門氏に昭和三四（一九五九）年基本設計を、翌年に実施設計を依頼した。しかし、建物がすべて失われて基礎しか残っていないなかで、姿を見たこともない御茶屋を復元する作業はなかなか大変だったと伊藤平左ヱ門氏は後に語っている。

実際、中島の御茶屋の復元は、そう簡単には進まなかった。東京都の公園行政は、昭和三九（一九六四）年開催の東京オリンピックに向けた公園整備の促進、その後、昭和四〇年代の高度経済成長に伴う光化学スモッグなどの大気汚染・公害対策としての都市緑化推進・公園面積の拡大といった政策に追われた。文化財庭園の復元工事への予算化は時代の主要課題に先を越

図１　基礎だけが残った「中島の御茶屋」
撮影は昭和 29（1954）年。中島の御茶屋からの景色は園にとって重要な視点場の１つであった。それゆえその復元は待たれていた。下の図は当時の地割〔公益財団法人東京都公園協会提供〕

され、設計のみで工事は先送りされてしまったのである。

二三年経って工事着手、焼失して三七年で蘇る

そして、やっと文化財庭園に対する見方が変わってきたのが、前述の昭和五三（一九七八）年の「文化財庭園の管理のあり方」（63頁参照）の答申からであり、中島の御茶屋の復元工事が始まったのは、基本設計から二三年も経過した昭和五七（一九八二）年であった。しかもその事業費は、一般社団法人日本宝くじ協会からの寄贈という形で進められたのである。当初設計に携わった伊藤平左エ門氏も、設計のことはすでに忘れてしまったころの事業着手となった。

復元設計は伊藤平左エ門氏の当初設計を基本とし、復元後の御茶屋の利用形態（御茶室として一般利用）も考えたうえで再設計することとなった。しかし、設計にあたっては参考とすべき資料が少なく、参考にしたのは明治二（一八六九）年及び大正九（一九二〇）年の平面図、明治一八年及び明治三五年の増築図と内訳書、昭和三（一九二八）年の改修図と内訳書、数枚の写真と一冊の造園研究誌、それと明治天皇とグラント将軍の会見の絵（図2）のみであった。

長い年月の間に何回も増築改修を重ねた建物を復元する作業は、焼け跡に残った礎石の実測から始め、宮内庁に残された昔の図面、文献、写真をもとに考察し、竣工後の建物利用や管理上の問題を考慮に入れながら設計を進めた。中島の御茶屋は明治から昭和初期までの間に、部屋の配置や規模、意匠も刻々と変化してきており、特に室内意匠等は文明開化、欧米崇拝の波

のなかで特に変化が激しかった。

調査の結果、復元の資料としてはより原形に近いものとして明治二年の平面図を底本とした。しかし、畳の記載以外、図は簡単粗雑で細部については明らかでないため、御座所の床の間付近の様子や、壁、天井、杉戸については焼失時まで変わっていないであろうと考え、その他の資料で補足し設計を行なったとのことであった。

また、明治一二（一八七九）年に明治天皇が米国前大統領グラント将軍と会見した際の絵は、歴史的事実としての貴重な資料であるとともに、中島の御茶屋の内部を今に残す貴重な絵ともなった。

図２　明治天皇とグラント将軍の会見の絵
明治維新後、浜離宮は外国からの賓客の接待所として利用されるようになった。明治12（1879）年８月、日本を訪れた米国前大統領のグラント将軍は園内の延遼館に滞在し、中島の御茶屋で明治天皇との会談に臨んだ〔大久保作次郎画『グラント将軍と御対話』、聖徳記念絵画館所蔵〕

その結果、平面形式は明治二年の平面図「浜殿園池全図」をもとに設計し、外観は幕末から明治初期の写真に基づいて設計を行なったのである（図3）。

浜離宮恩賜庭園は特別名勝とともに特別史跡であるため、復元工事は昭和五七（一九八二）年六月、文化財保護審議会、専門部会の議論を経て、同年一〇月、文化財保護法第八〇条の規定に基づく現状変更の申請を行ない、一一月に許可を受けて工事着手となった。

中島の御茶屋の復元工事は東京都にとって初めての文化財庭園の復元であり、復元根拠となる史資料の収集、文化庁との調整、当時使用したであろう材料の検討と手配、建築に関する伝統技術を持った技能者の確保など、今までの庭園整備にない経験であった。

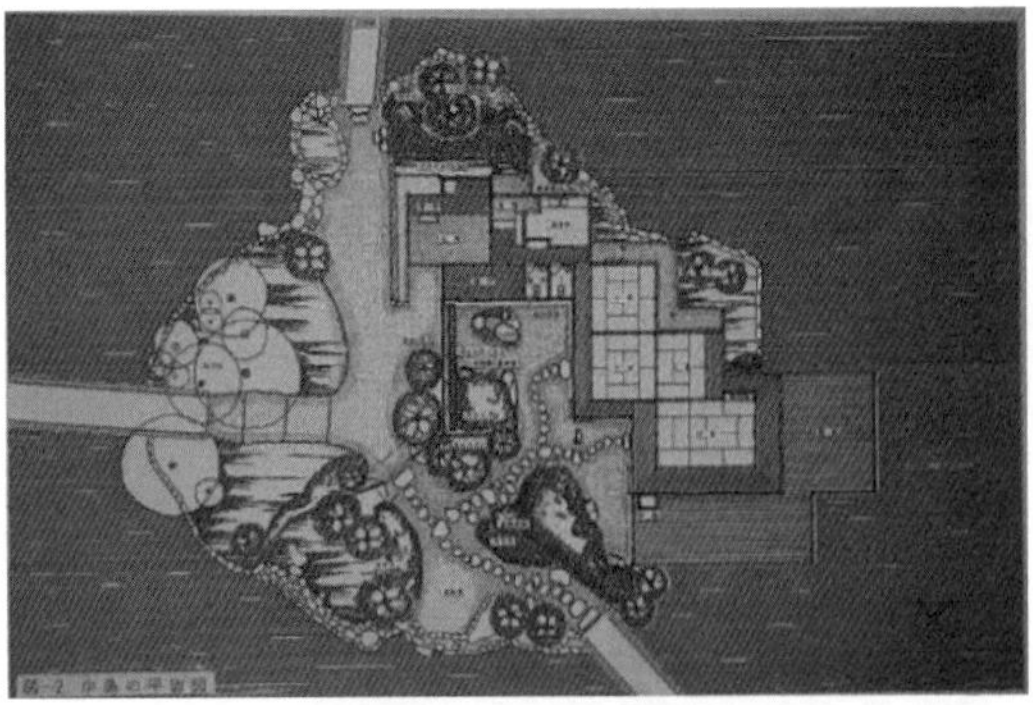

図３　「中島の御茶屋」の復元計画平面図
復元計画は、単に焼失前の姿に戻すのではなく、御茶室としての一般利用などを考えたものともなった〔「都市公園 85 号」昭和 59（1984）年、公益財団法人東京都公園協会提供〕

「なぜそのような平面図になったのか、根拠はどの資料に基づくのか、その根拠資料の信頼度はどの程度か」、「どのような材料を使用するのか、その材料としたのはどうしてなのか」、「建築工法はどの時代の工法を採用するのか」などなど、微に入り細に入り設計から、施工、材料に至るすべてに関して細心の注意と確認が必要であった。

なお、中島の御茶屋は江戸時代の御茶屋の復元であるため、使用した木材は外国産や張り物（集成材）は使用せず、檜、杉、松、ヒバなどすべて無垢《むく》の国産木材を使用した。そして、建

図４　復元された「中島の御茶屋」
優美な意匠を有する中島の御茶屋が大泉水の中心に建てられたことによって、将軍家唯一の庭園としての風格を取り戻す契機となった〔公益財団法人東京都公園協会提供〕

物の基準尺である柱割は焼失前と同様、柱の芯々の間隔を六尺三寸（一・九〇九ｍ）とした。これはいわゆる京間（六尺五寸）ではなく、江戸時代の田舎間の基準六尺三寸で、これが明治以降六尺となった。

そして、昭和五八（一九八三）年、中島の御茶屋の復元工事は完成した（図4）。昭和一九（一九四四）年の空襲によって焼失してから三九年ぶりに浜離宮の大泉水に中島の御茶屋が復元され、その優雅な姿を目にすることができたのである。このとき、長かった浜離宮の戦後の一つが終わったといえるのかもしれない。

2　復元工事にあたって何をどう考えるか

庭園の本質的価値を知る

中島の御茶屋の復元工事は、東京都における文化財庭園の復元計画がまだ作成されていないなかでの復元工事であり、復元に関する考え方の取りまとめや復元スケジュール等が何も決まっていない段階であった。そのため、提出資料の作成など今までにない経験のなかでの作業であり、苦労の連続であったと聞かされている。しかし、この苦労の経験が、文化財庭園を復元していくための計画づくりの必要性を強く実感させる結果となった。

それ以上に大きかったことは、徳川将軍家が楽しんだであろう優美な御茶屋の姿を、目の当たりにすることができるようになったことだ。大泉水の中心に中島の御茶屋が復元されたことにより、当時の人々が感じた庭園の美しさを現代の私たちも体験できるようになった。庭園の復元にあたっての基本的考え方の一つは、「その庭園の本質的価値を知る」ということである。浜離宮庭園の特徴でもある大泉水の景色は、「中島の御茶屋が復元されたことにより、大泉水の中心に浮かぶ御茶屋の優雅さ、その御茶屋から眺める水面の輝き、岸辺のみどりの木々の美しさとして価値を知ることができるようになったのである。

この後、浜離宮における復元工事は、先駆けとなった「中島の御茶屋復元工事」に引き続き順次工事が進められていくのであるが、まず取り掛からなければならなかったのが施設の老朽化に伴う修復工事であり、第二段階として焼失した施設の復元に取り掛かることとなった。

現在、中島の御茶屋は抹茶を飲みながら休憩できる飲食所として、多くの来園者に利用されている。浜離宮を訪れる外国人来園者の多くは、畳に座って大泉水の景色を眺めながら、この建物で抹茶と和菓子を食べて日本文化の体験を楽しんでいる。

どの時代に復元するか

東京都は昭和六二（一九八七）年、六三年と二年をかけて文化財庭園の保存・復元・管理等に関する調査を行ない、平成元（一九八九）年一二月には「文化財庭園の保存・復元・管理等に関する検討委員会」を設置、平成二年には計画が決定されるとともに、東京都の長期計画に「名園の復活計画」として事業が位置づけられた。そして、同年度には「浜離宮恩賜庭園修復復元のための調査」が開始されるのであるが、復元事業を実施していくうえで、考古学的調査や根拠資料を正確に調べるだけではなく、それ以上に重要なのは、どの時代の姿に復元するかということなのである。

個々の施設の復元に取り掛かる前提として、どの時代の庭園の姿に復元しようと考えたのか、浜離宮庭園を例にその経緯も含めて記そう。

歴史ある庭園は所有者によって、その姿を大きく変えていく。浜離宮の場合、最初に将軍家の庭として大々的に整備したのは六代将軍家宣で、その後将軍が変わるたびに地割や施設が変えられてきた。

大名庭園においても、藩主が変わることによってその利用形態も変わり、大きく改変されることがたびたびあったため、庭園の復元時期をいつの時代に合わせるかは、残された資料や庭園の性格・特徴、そして現状を鑑みて決めていかなければならない。

現在の人々が庭園を訪れると、今見ている景色そのものが江戸時代に造られた庭園の姿であり、その姿であるからこそ特別名勝・特別史跡に指定されているのだろうと思ってしまうかもしれないが、決してそうではない。

浜離宮庭園を残された絵図で見ていくと、宝永四（一七〇七）年の『濱御殿地絵圖』（図5：90頁参照）以降、浜御殿が焼失した享保九（一七二四）年までの間、大泉水、中島と中島の御茶屋、それと水路のような横堀があり、庭の中心には大きな御殿があったと思われる。

享保九年、八代将軍吉宗の治世に、火災により御殿をはじめ中の御門等多くの建物が焼け、その後、享保一七（一七三二）年に綱吉の側室と家宣の二人の側室のための建物である「三尼《さんに》の館」が建てられた。『浜御殿惣絵図』（享保一七年ころ）（図6：91頁参照）を見ると「三尼の館」の北東側の樹林地には田や畑、水路等が造られていたことがわかる。なお吉宗の時代には、薬草園、製糖所、鍛冶小屋等殖産興業に関する施設が庭園内に多数建てられていた。

その後、享保一七年から宝暦六（一七五六）年の間の『濱之御庭（浜御殿関係図）』（図7：92頁参照）には、池周辺に回遊園路が描かれていることから、回遊式庭園として成り立っていたことがわかる。

一一代将軍家斉の時代になると、家宣と同じく苑池での遊覧を好んだ家斉により、観賞性と回遊性が強化された。潮入の池周辺には、「燕の御茶屋」、「松の御茶屋」、「藁葺《わらぶき》の茶屋（鷹の御茶屋）」、「お伝い橋」、「御亭山《おちんやま》の腰掛」、「松原の腰掛」、「塩浜藁屋」、「新銭座《しんせんざ》東屋」、「樋之口東方の御山」、「藤棚」等が設けられた。

また、「御浜御殿ノ絵図」（寛政年間一七八九～一八〇一年ころ）（図8：93頁参照）では「三尼の館」や田や畑があった場所に「庚申堂《こうしんどう》鴨場」が造られ、「横堀」から分岐した鳥溜めを観ることもできる。役人の管理地であった場所には「新銭座鴨場」が造られている。このように、従来の庭園空間に新たな意匠が加えられ、家斉の時代に本園の歴史上最も充実した時代を迎えた。

時代はずっと下りその約百年後、参謀本部陸軍部測量局が作成したのが「五千分一東京図測

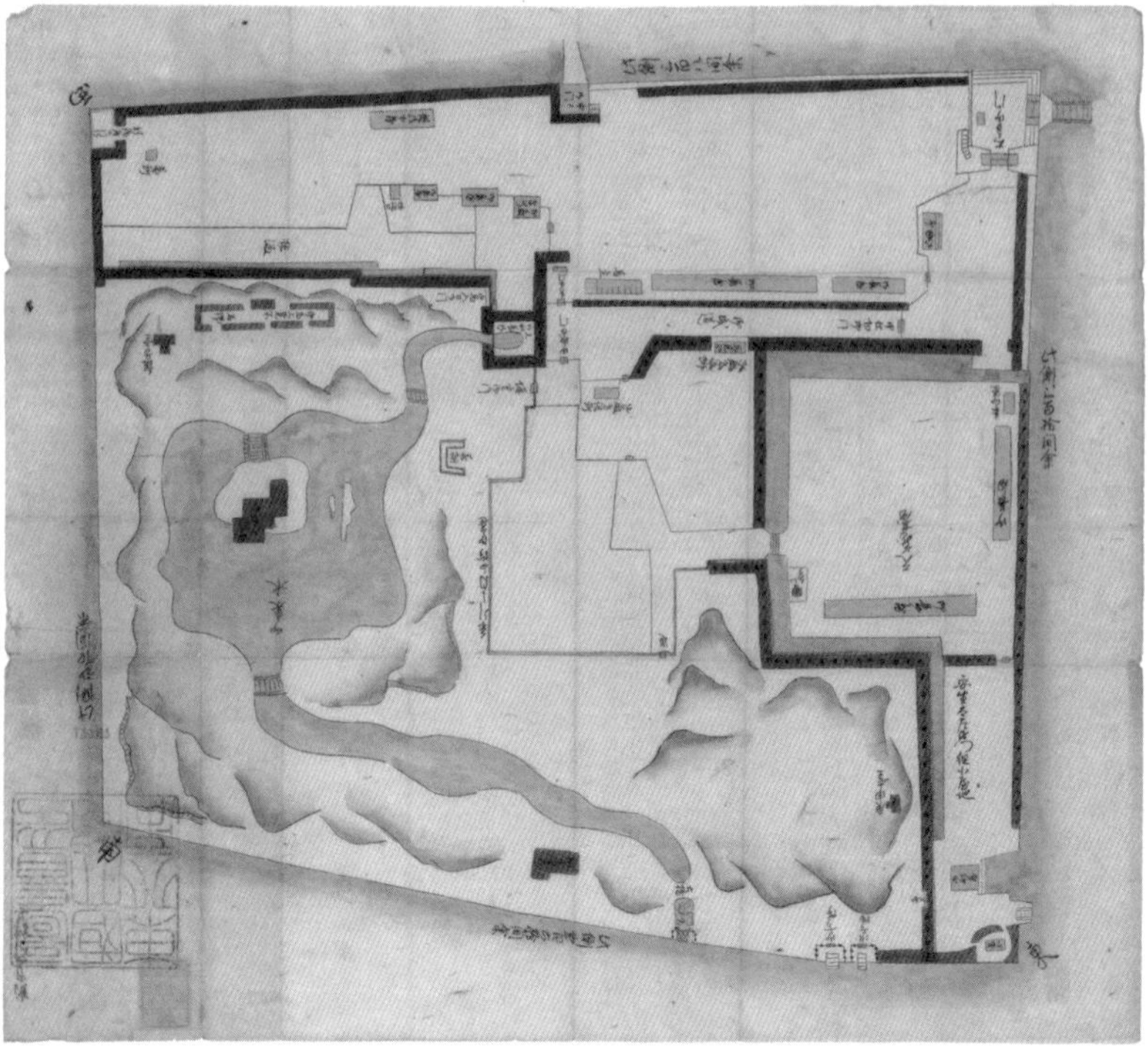

図5　6代将軍家宣のころの浜御殿
敷地のほぼ中央に御殿があり、周りには大泉水や横堀、中島の御茶屋、海手茶屋（汐見の御茶屋）、観音堂、庚申堂、稲生神社、馬場などが確認できる。このころに庭園としての骨格が整えられたことがわかる〔『濱御殿地繪圖』、東北大学附属図書館所蔵〕

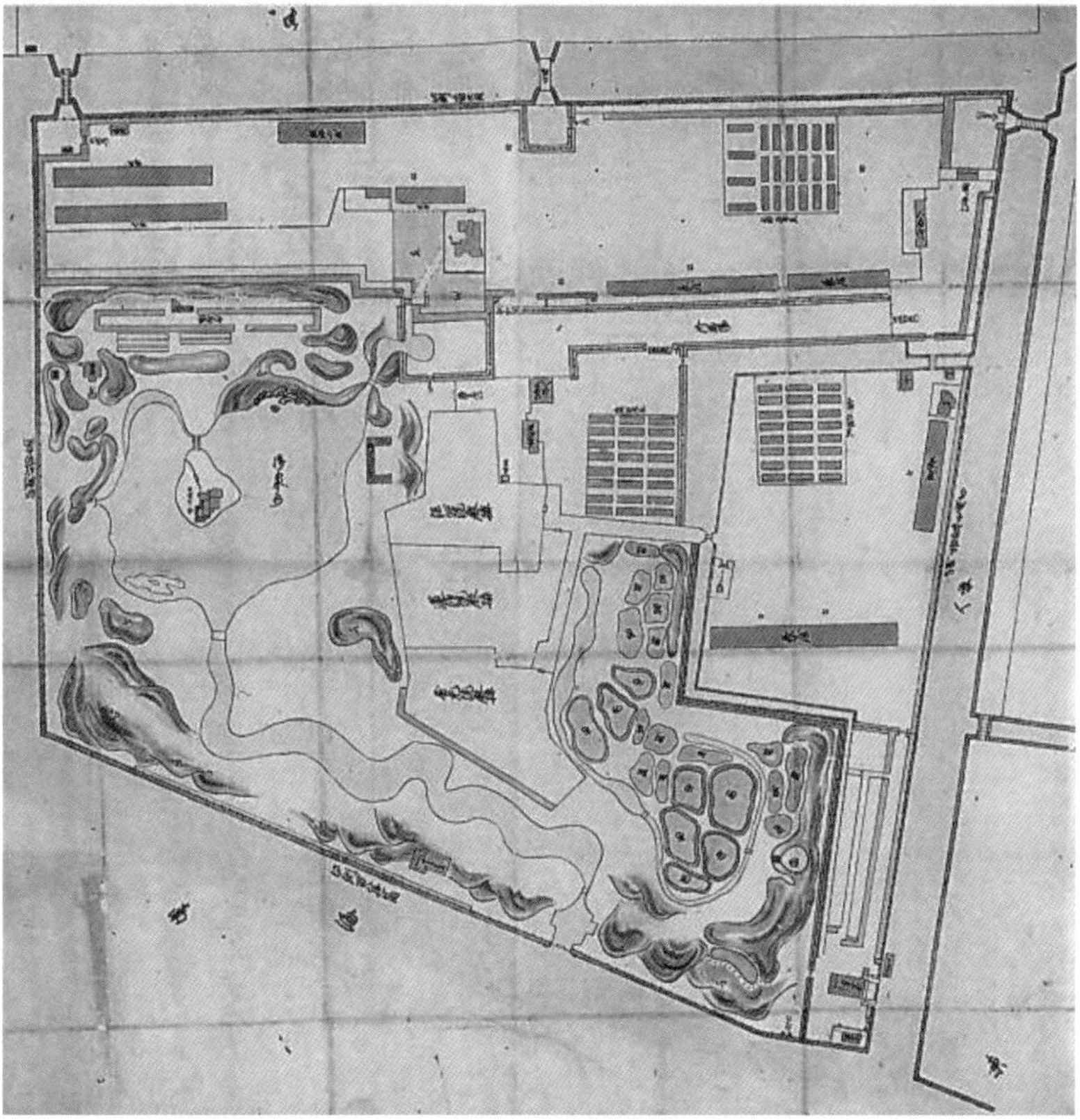

図6　８代将軍吉宗のころの浜御殿
吉宗にとって浜御殿は単なる鑑賞の場ではなく、さまざまな研究を行なう試験場でもあった。薩摩から種子を取り寄せた甘藷（かんしょ）で黒砂糖を生産し、400種もの薬草を栽培した。変わったところでは「象部屋」があり、ベトナムから献上された象を飼った〔『浜御殿惣絵図』、江戸東京博物館所蔵〕

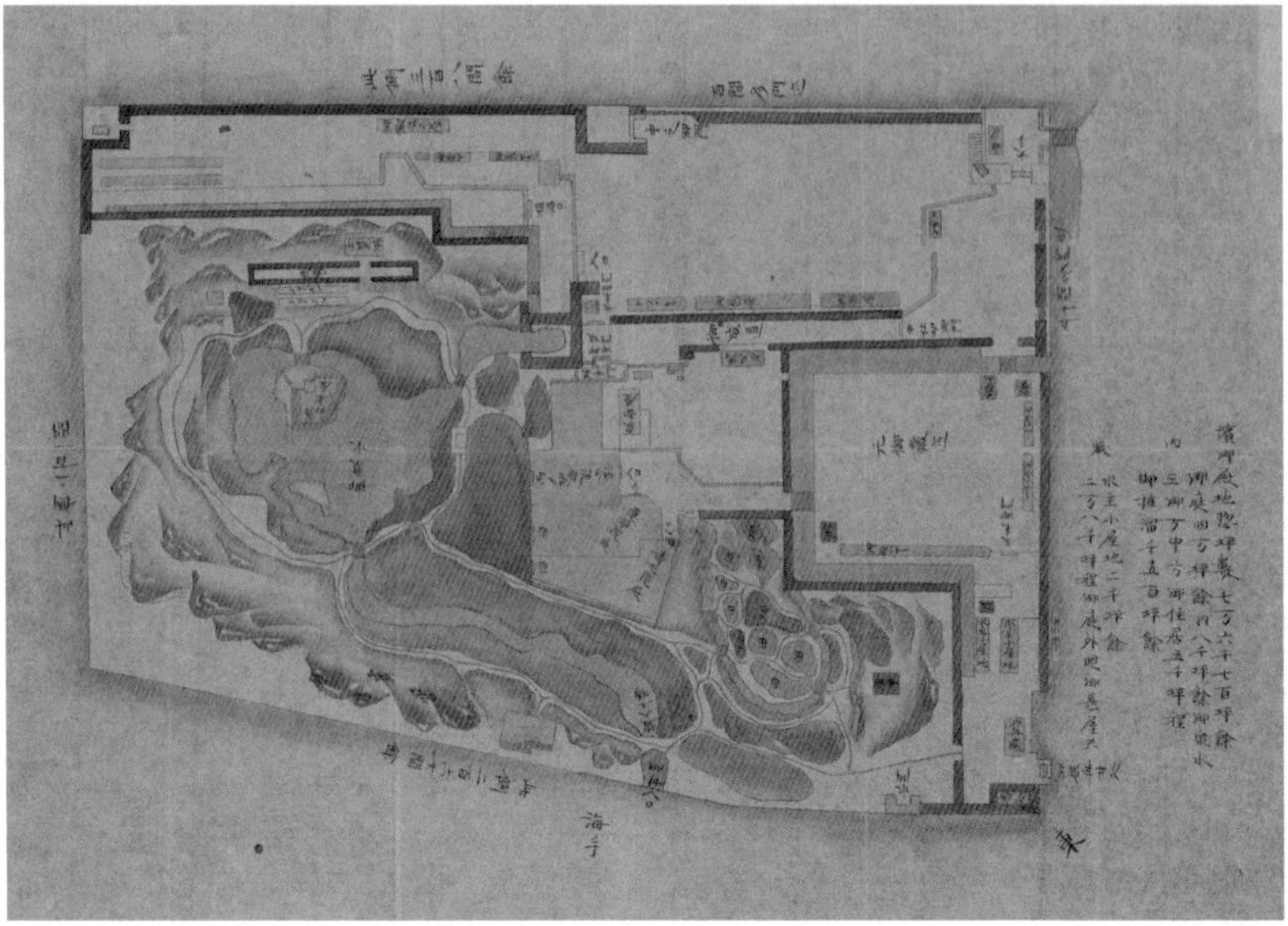

図7　9代将軍家重から十代将軍家治のころの浜御殿
大泉水や横堀の池の周りに園路が描かれ、このころから本格的な池泉回遊式の庭園になっていったと思われる〔『濱之御庭』、中央区立郷土天文館所蔵〕

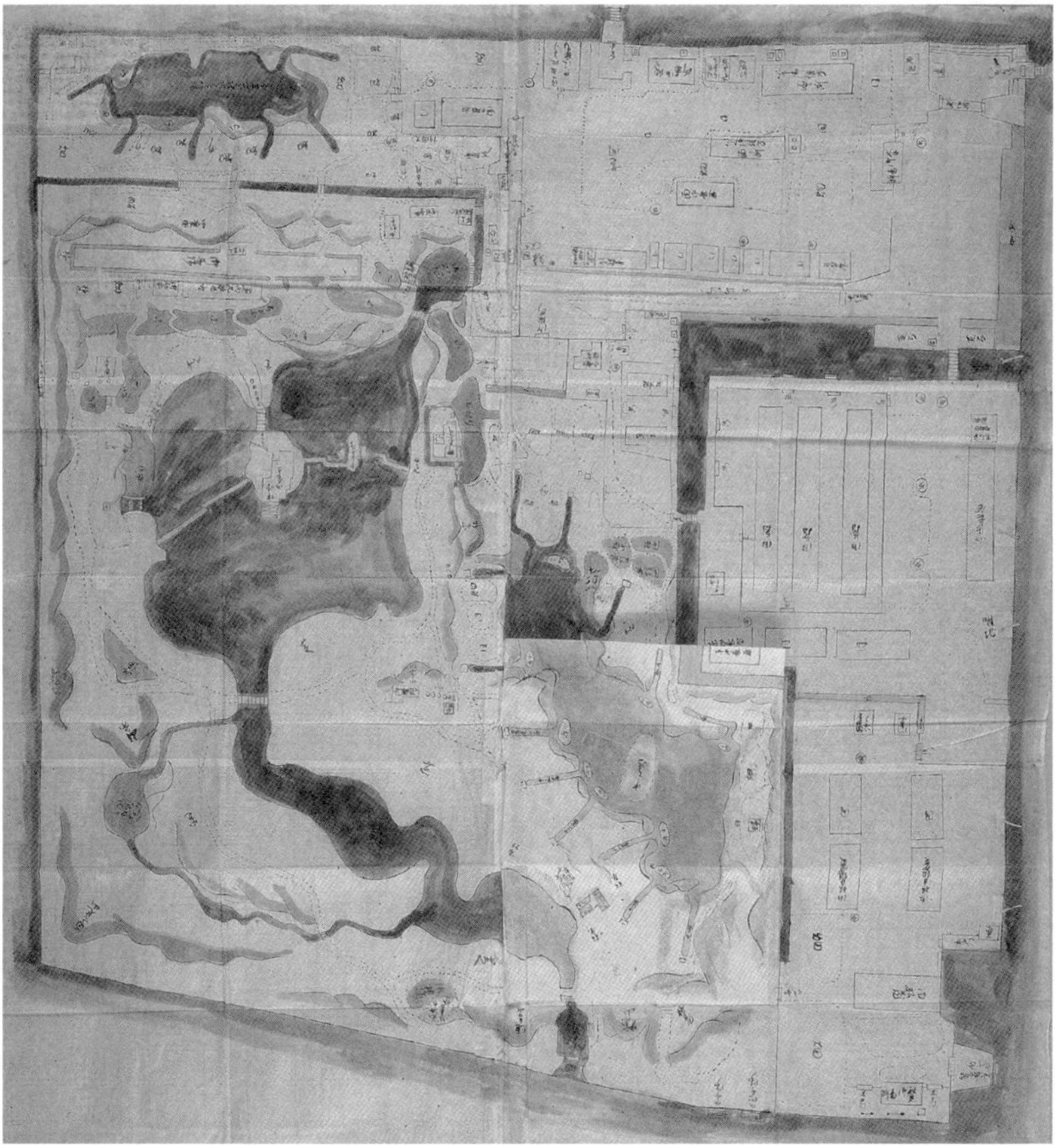

図8　11代将軍家斉のころの浜御殿
大泉水周辺に3軒の御茶屋ができ、鴨場も2か所造られた。鴨場は江戸時代の大名庭園の特徴の1つとされる。家斉は鴨場で度々鷹狩を行なった〔『御浜御殿ノ絵図』、公益財団法人徳川黎明会徳川林政史研究所所蔵〕

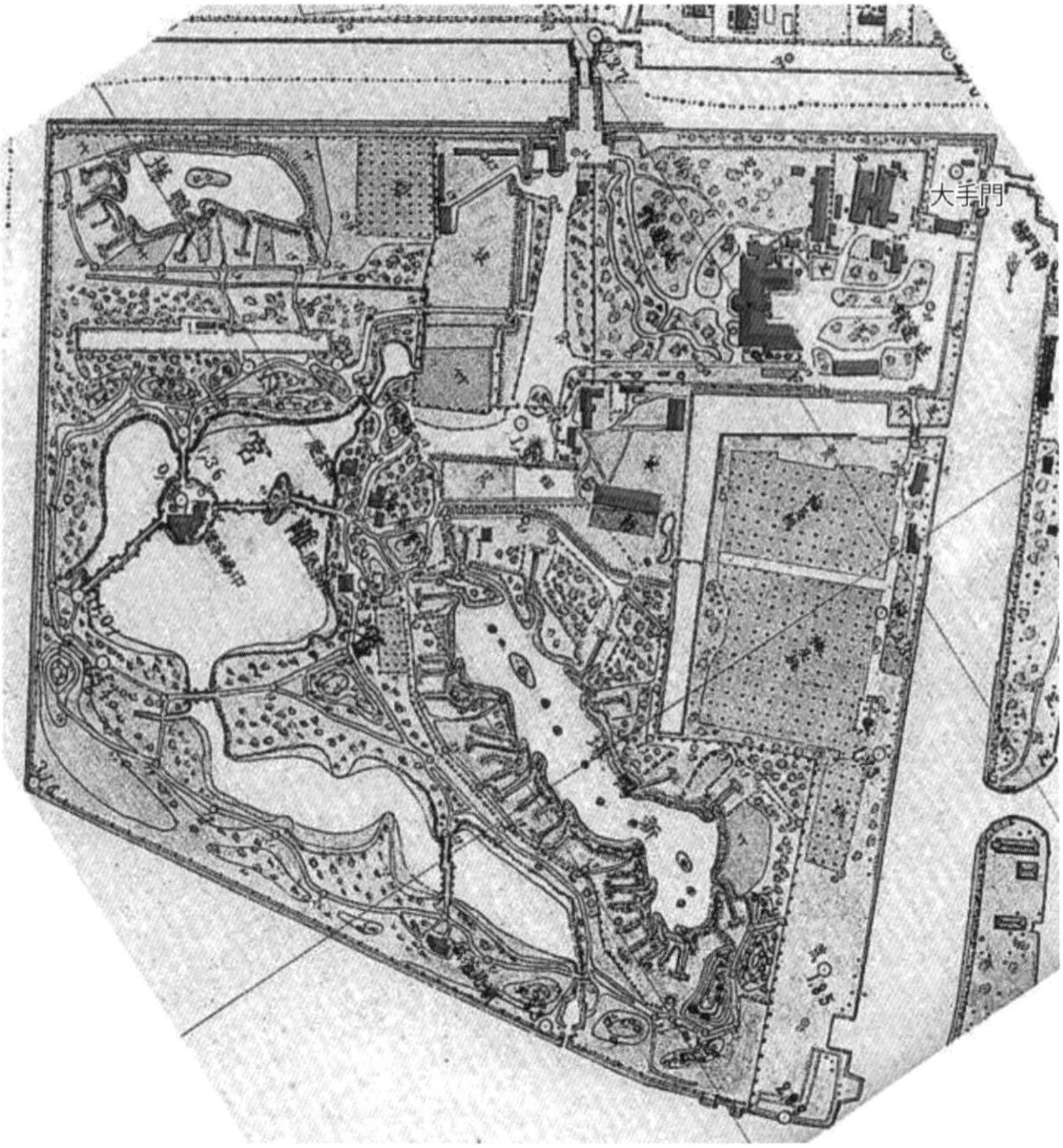

図９　浜御殿から浜離宮となったころ

浜離宮という名称は、庭園の所有者が宮内省となった明治３（1870）年からであった。この前年近代日本最初の迎賓館である延遼館が庭園の一角（図の右上、大手門を入った辺り）に完成する。延遼館は明治23（1890）年に取り壊されることになるが、大泉水や横堀、鴨場の地割に大きな変更はなく江戸の頃の状態を以後も保った〔参謀本部陸軍部測量局『五千分一東京図測量原図』、（財）日本地図センター提供〕

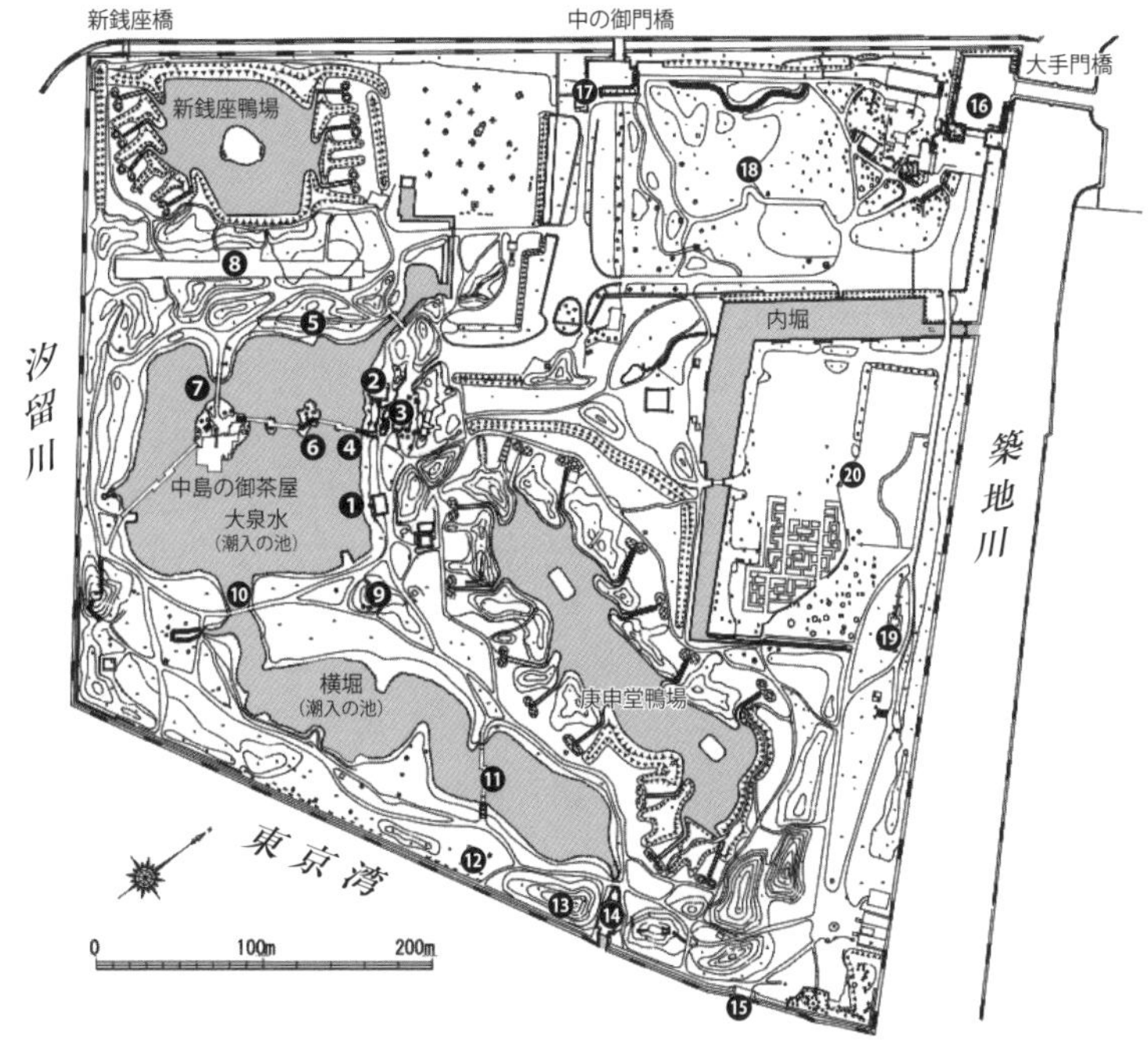

❶松の御茶屋
❷燕の御茶屋
❸鷹の御茶屋
❹お伝い橋
❺八景山
❻藤棚
❼中島橋
❽馬場跡
❾ 御亭山（おちんやま）
❿中の橋
⓫海手お伝い橋
⓬汐見の御茶屋（海手茶屋）跡
⓭樋の口山
⓮横堀水門
⓯将軍お上がり場
⓰大手門口
⓱中の御門口
⓲延遼館跡
⓳旧稲生神社
⓴籾倉跡

図 10　現在の浜離宮恩賜庭園
昭和 20（1945）年に庭園は宮内省から東京都へ下賜され、名称を現在の「浜離宮恩賜庭園」と改めた。震災や戦災を経験し多くの建造物や構造物、庭木を失いながら、昭和 23（1948）年には名勝及び史跡に指定され、その後特別名勝及び特別史跡となり現在に至る〔東京都建設局公園緑地「東京都における文化財庭園の保存活用計画（旧浜離宮庭園）」（平成 29 年 3 月）の「II 本園の変遷と本質的価値／ 3. 本園の現況」を基に作成〕

量原図」（明治一七〈一八八四〉年）図9（94頁参照）である。地割はほぼ現在の浜離宮庭園と同じであるが、延遼《えんりょうかん》館と付属する建物が建てられている。

現在の浜離宮恩賜庭園を図10（95頁参照）に示す。

復元は一番利用された家斉の時代に

平成三（一九九一）年一二月、江戸大名庭園を含む都立文化財庭園について、学識経験者からなる専門委員会で、復元すべき時代や姿、復元方法、復元材料など検討することになった。

専門委員は、東京大学名誉教授井出久登氏を委員長とし、東京農業大学学長（当時）進士五十八氏、（社）日本庭園協会会長（当時）龍居竹之介氏、文化財指定庭園保護協議会会長（当時）樋渡達也氏、神奈川大学教授（当時）西和夫氏、千葉工業大学講師（当時）河東義之氏、東京農工大学教授（当時）亀山章氏を委員とし、その他文化庁や東京都教育庁、区の教育委員会の職員を助言指導者等として構成されていた。

委員は庭園、建築、考古学、植生学等の専門家であり、必要に応じて石垣等の専門家を加えたワーキング組織を構成し、浜離宮をはじめとする、小石川後楽園、六義園、旧芝離宮恩賜庭園のどこをどのように復元していくかの具体的計画作成を行なっていったのである。

浜離宮庭園をどの時代の姿に復元すべきかについても、専門委員会での議論の末に決められていった。

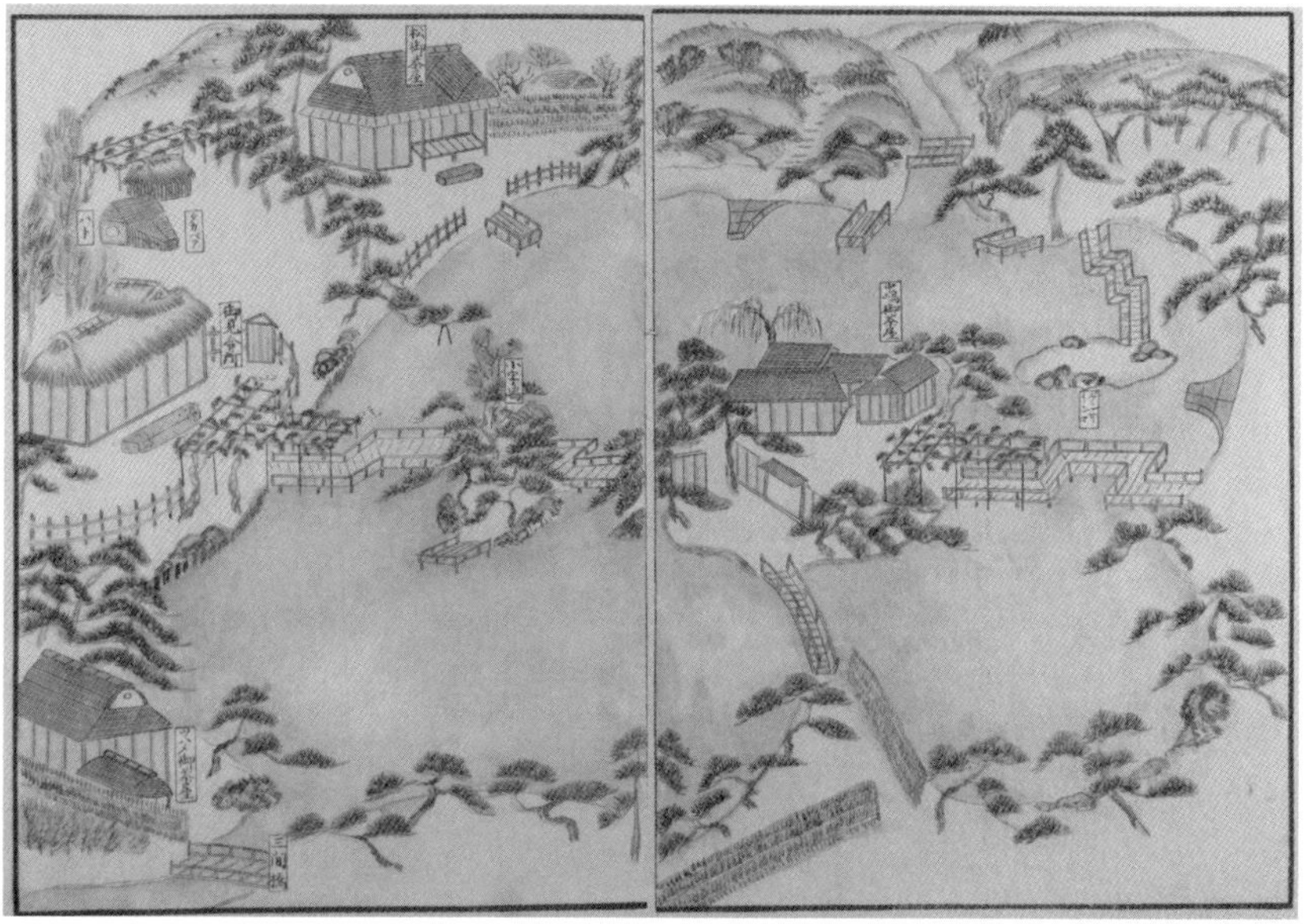

図 11　第 11 代将軍家斉のころの浜御殿（大泉水と御茶屋）の絵
大泉水の周囲には松が多く植えられていた。また、お伝い橋の藤棚は橋全体を覆い、遠くからは回廊のように見えたとの記録もある〔『浜の御苑之記』（天保 5〈1834〉年）、国立国会図書館所蔵〕

ある委員からは、「復元するならば、家宣が浜御殿として築庭した当時に戻すことが本来の姿である」といった意見が出された。また別の委員からは、「特別名勝・特別史跡に指定された時点の姿が文化財指定に値するのだから、昭和二七（一九五二）年指定当時の姿を保存していくべきで、時代の異なる施設を復元すべきではない」といった意見が出された。さらに、「庭園が最も盛んに利用された時期が庭園本来の役割や機能を果たした時期であると考えるならば、その時期の姿に戻すべき」といった意見など、さまざまな意見が出され、その結果、「文化財庭園の保存・復元・管理等に関する計画」では復元に相当する時代の考え方を次のように規定することにした。

〈文化財保存の精神からは、創建時点の復元を原則とするがその後の改変の幅が大きい庭園の場合、それ以降のものの処理が難しい。また文化財保護法によれば、指定当時の状態を原状としている為、指定当時にすでに衰亡してしまったものは法による原状に予定していない。しかし法の精神からは、この衰亡したものを原状に復することは、好ましいと考える。

今回の復元にあたっては原則として、時代を大きくとらえ、庭園の経年変化のなかで江戸の庭園様式を内包しつつ、その庭園の持ち味を最大に発揮した姿に復元する。したがって、時代による多少の不整合にはこだわらないこととし、明治以後の改変であっても、その取扱いが江戸の様式を継承しているのであれば、敢えて原状に復さないことにする〉

この考え方に基づき浜離宮庭園は以下のような復元を目指すことになった。

〈浜離宮恩賜庭園は二百十余年の徳川時代、その後七〇年の宮内省時代を経て多くの改変が加えられ、各時代の施設が混在した姿で現在に至っている。そこで、この庭園総体の修復目標は本庭園が一番利用された華やかな時期であり、大泉水周辺の茶屋群など江戸時代末期まで存在し資料も充実している「第一一代将軍家斉時代の姿」におく〉

「江戸時代後期において大改修を加えた家斉時代の姿に近くすることが妥当」、「全体の基調となる雰囲気は家斉時代を設定」が基本的なスタンスである。ただし、「庭園の構成施設については、良い状態で使用され、史資料の残っているものは、その時代を設定する」ともしている。つまり、浜離宮の各施設の修復・復元においては、「家斉時代の姿」を基本に、各施設の置かれている状況に応じて時代設定を判断していくことにしたのである。

二節　復元工事は鴨場の修復から始まった

1　鴨場が選ばれた理由

平成四（一九九二）年度には「浜離宮恩賜庭園の修復調査」を、さらにソフト面の調査として「浜離宮恩賜庭園の保護と利用に関する調査」を実施した。こうした基礎的調査を終え、平成五年度から具体的な施設の修復整備にかかることとなり、同年度に「浜離宮庭園庚申堂鴨場修復設計調査」を実施し、計画を策定。同年度内に第一期の修復工事が開始されることになった。

なぜ、「庚申堂鴨場」が復元事業の先行事例となったのであろうか。老朽化が最も進んでいたことも確かである。しかし、それ以上に深刻な問題が起こっていたのである。文化財の重要性とは関係のない、それはカワウの糞害であった。

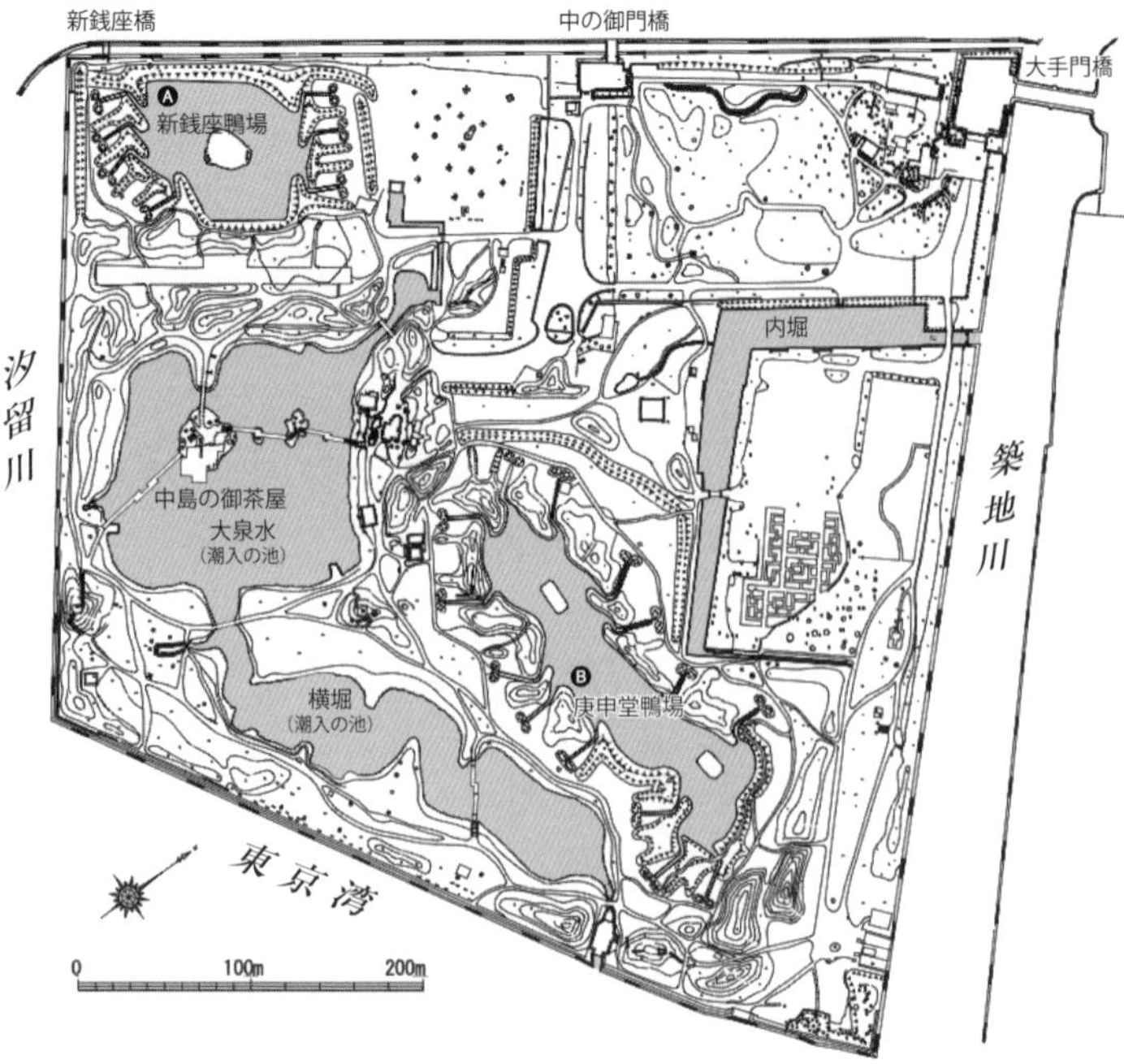

図12　現在の新銭座鴨場Aと庚申堂鴨場Bの位置
鴨場の池の周りは樹木が鬱蒼と茂るなど水鳥の飛来する環境が元来整っていた。さらには長らく猟が行われていなかったこともカワウの繁殖を許した

将軍の御成りは
鴨場あればこそ

鴨場とは、溜池を中心に岸辺に何か所もの引堀と呼ばれる細い水路をつくり、鴨をおびき寄せる施設である。鷹を放鳥して鴨を捕獲させる狩を行なうのが主流で、平和な江戸時代における武士の軍事的訓練であり、娯楽でもあった。幕末から明治になると、叉手網《さであみ》を使って捕獲する鴨猟となったという。

　鴨場は江戸時代の大名庭園の特徴の一つでもあり、大名屋敷の崩壊とともに破壊されてしまった。今日実際に鴨猟が行なわれているのは、宮内庁所管の越谷市の「埼玉鴨場」及び千葉県市川市の「新浜《しんはま》鴨場」の二か所である。一方、伝統的構造を持つ施設は、浜離宮の「庚申堂鴨場」と「新銭座鴨場」（図12）だけである。なお、東京農業大学の服部勉らによる調査によると、鴨場と考えられる施設は江戸期の大名庭園では一六か所確認されている。

鴨場についての明確な文献は確認できていないが、一一代将軍家斉の治世、寛政三（一七九一）年の『浜御殿日記』に「御庭鴨場鴨堀新規出来」とあり、現在の庚申堂鴨場の成立と考えられている。将軍家斉は無類の庭好きといわれており、将軍が浜御殿に御成りになるのは歴代の将軍の中では家斉が最も多く二四八回の御成りがあった。将軍在職年数が五〇年と非常に長いこともあるが、庭を愛でるとともに、鴨場での鷹狩のために何回も浜御殿に御成りになったとの記録もあるほど鷹狩が好きであったようである。

不忍池から来たカワウが住みだす

カワウとは全身はほぼ黒色で、カラスよりも大きくガチョウほどの大きさで体長約八〇センチメートルの鳥である。首や胴がほっそりと長めで水中を泳ぎ回って魚などを捕獲し餌としており、海の魚を餌とするウミウと、川や湖沼で生活するカワウとがいる。「鵜呑み」といわれるように魚を一気に飲み込んで捕獲するのである。ちなみに鵜飼の鵜は、体が少し大きいウミウが使われている。

カワウは全国的に生息していたが、無秩序な狩猟や川や湖沼の魚を食べるため駆除されたことによって数が減少してしまい、昭和四五（一九七〇）年当時全国で総数三〇〇〇羽以下までになった。一方、上野動物園では昭和四一年からカワウの飼育を放し飼いで始めたが、恩賜上野公園の不忍池《しのばずのいけ》には新しいコロニーができはじめ、昭和四五年には一五〇〜一八〇羽のカワウが確認されていた。

福田道雄らによる「日本におけるカワウの生息状況の変遷」によると、一九七〇年代後半からは各地でカワウの数が増加に転じ、昭和六一（一九八六）年ころになると不忍池のコロニーから分派したカワウが浜離宮に住みだし、一九八〇年代後半には約二〇〇〇羽の群れになっていった。狩猟等や戦後の環境悪化により希少な種となるまで減少したカワウであったが、水質の改善や保護によってふたたび数を増加させ生息地を広げ、現在では有害鳥獣駆除の対象となるまでの個体数となったのである。

浜離宮では大正一三（一九二四）年ころからカワウ繁殖の記録があったが、昭和二五（一九五〇）年以降全国的な傾向としてカワウの生息数が少なくなっていた。ところが、昭和五五年以降、数百羽が飛来してくるようになり、平成二（一九九〇）年以降サギとともにカワウがコロニーを形成しはじめ、年々拡大していった。そのため、鴨場周辺は悪臭がするようになり、園路への糞の落下のため、来園者からの苦情が出るようになってきていた。また、糞や根の踏みつけによって樹齢三〇〇年のタブノキなどが枯れ始め、鴨場の景観も損なわれるようになっていった。

2　第六台場へのカワウ誘致作戦

カワウ追い出し対策を行なっても…

都では、平成五（一九九三）年に日本野鳥の会研究センターの協力で、実態調査と鴨場の保存のための計画づくりに取り掛かった。しかし、七二九六羽がカウントされたカワウの生息と文化財としての鴨場の保存の両立は難しく、結局、浜離宮からカワウを追い出すことになった。また、カワウを追い出すにあたっては、単に追い出すだけではなく、追い出されたカワウができるだけ分散しないように、浜離宮から二㎞離れた無人島である第六台場へ誘致することにした。

第六台場への誘致作戦として、サギとカワウのデコイを一五体設置、高木の剪定《せんてい》により営巣しやすい環境の整備、浜離宮で落とした巣の設置、糞に見せかけた白いペンキの塗布、営巣台の設置などを行なった。そして、追い出しに向けては、二〜三人ずつ五班に分かれて夜間バケツを叩いたり、サーチライトの照射を行なった。その他、巣落とし、鳥が忌避する磁石一五〇個の営巣木への設置、樹木間にキラキラ光る短冊をつけたシュロ縄を張りめぐらすなどの対策を二年半実施した。これだけの追い出し対策を行ない、誘致場所の確保を行なったにもかかわらず、カワウは浜離宮庭園を放棄することはなかった。

庭園のカワウは人に慣れているのか、浜離宮への執着は強く動く気配もなかった。その間、カワウの糞で樹木は白いペンキを被ったような状態となり、庭園の脇を通る高速道路やＪＲからも真っ白になった樹木の森が異様な姿に見えていた。

功を奏したねぐら対策

そこで、さらなる排除策をとることになった。高所作業用のクレーン車を使って、鴨場の水面上を横切るように麻縄のロープを樹冠に張り巡らす作業を平成八（一九九六）年一二月六日午前から夕方にかけて行なったのである。カワウは浜離宮庭園をねぐらとしているが、昼間は多摩川を遡上《そじょう》し餌とする川魚を捕えに出かけていた。カワウが飛び立ち、巣を空にした時間を見計らって作業を実施した。

対策の一環として、カワウの行動調査を行なっていたNPO法人バードリサーチの方々がカワウの誘致先である第六台場を見下ろすレインボーブリッジの歩道から、多摩川方面から浜離宮に向かって帰っていくカワウの通過数などを記録していたのであるが、その日はいつもと違い浜離宮からUターンをして戻ってくる群れが第六台場の上を旋回し始めたと記録されている。それは、二年間毎月観察していて初めてのことであった。

記録によると、その日カワウは浜離宮に戻ることなく約二七〇羽が第六台場をねぐらと決めた。だが、慣れないねぐらのためか、いったん枝にとまった群れがまた飛び立ったりと、落ち着かない様子であったという。しかし、この日を境にカワウは浜離宮のねぐらを放棄し、戻ってくることはなかった。

五年後には鴨場の池の上に張り巡らしたロープのほとんどが朽ちてなくなり、静かな鴨場の姿を取り戻した。これほど効果があるとは予想もしていなかったが、カワウの生息数は、この日以降現在に至るまでゼロ羽である。なぜ、浜離宮に執着していたカワウが一日にしていなくなったのか。野鳥の会関係者の話では、「カワウがねぐらに戻る夕方からねぐら入りの終わる日の入り後にかけて、大掛かりな作業が行なわれたからではないか」ということだった。

カワウの場合、住み慣れたコロニーへの執着が強い一方、比較的長生きをするため、コロニーで攪乱《かくらん》が起きた場合、それに対抗して危険を冒すよりも、新たな繁殖地へ移動することを選択するのではないかといった意見もあった。ねぐら入りの前に大掛かりな改変が、それも営巣が始まったばかりの時期に行なわれたという、時期も大きく影響していたのでないかという。

カワウの糞害はこれで解決したのであるが、糞害による鴨場周辺の異臭、樹木の枯死《こし》など被害は大きく、鴨場の修復工事が浜離宮における当面の課題となったのである。

なお、カワウは計画通り浜離宮から約二kmの距離にある第六台場への誘致が成功し、そこで新たなコロニーを造ることになった。

3　「庚申堂鴨場」の修復工事

「浜離宮庭園庚申堂鴨場修復設計調査」に基づき、カワウの実態調査を行なった平成五（一九九三）年から平成七年、「庚申堂鴨場」修復工事が実施される。第一期は鴨池の水辺環境を良好にするために、護岸の修復を中心に護岸周辺の植栽の整備と浚渫《しゅんせつ》工事を行なった。

庚申堂とは、平安時代に中国から伝わった庚申信仰の御堂で、豊作、厄除け、健康長寿などが祈願された。江戸時代には武士階級から一般にまで広く流布した信仰である。

江戸時代の浜御殿にも庚申堂があったといわれており、「庚申堂鴨場」は庭園の変遷のなかで、かつて庚申堂や田畑があった場所に設けられた鴨場である。江戸時代には鷹狩、浜離宮時代には鴨猟が行なわれ、「新銭座鴨場」とともに浜離宮における最も重要な施設である。

鴨場修復は宮内省時代に合わせる

明治時代以降、浜離宮時代に鴨場の改修工事などを行なっていたため、宮内省には詳細で正確な資料が保管されているということから、鴨場の修復・復元についての方針は、宮内省時代に修復するのが妥当との結論となった。

浜離宮全体の復元目標を家斉時代としたのに、鴨場は宮内省時代に基づくという時代的齟齬《そご》は不適切との意見もあったが、①復元ではなく修復であること、②異なる時代施設の共存もあり得るということで解決した。ただし、利用者に誤解を与えぬよう、解説板やパンフレット等により、鴨場の修復時代を明示することとした。

修復事業は「庚申堂鴨場」と「新銭座鴨場」の二か所が対象となり、板柵《いたさく》護岸、引堀、大《おお》覗《のぞき》・小《こ》覗《のぞき》といった鴨池の要素すべての改修及び鴨池の浚渫、護岸の修復を主体に、工事の範囲の小覗や護岸周辺の植栽を整備した。鴨場といった特殊な施設の修復のため、宮内省の資料を参考にしながら、寸法や形状をそのつど検討しながら進めることとなった。

おとりのアヒルで野生の鴨を引き寄せる引堀は、大半が土砂に埋まり崩壊寸前であったため、板柵による堀の修復と堀の両側に小土手を築きすべてを原状に復した。引堀の端部にあり、おとりのアヒルにより誘引された野生の鴨の様子を小窓から覗く小覗は、覗き小屋の両側にコンクリートの袖壁《そでかべ》を導入して全体の耐用年数を増やす工夫をした（図13）。

図13　修復された小覗
（上）手前の細い水路（引堀）に鴨を誘い込み、奥の小屋から鴨の様子を窺う小覗
（下）小覗の「のぞき窓」から見た引堀の様子

図14　修復された大覗
鴨を呼び込むための「元溜り（もとだまり）」の様子を観察するための場所で、そこには小さな窓が四方八方に開けられ、鴨に気づかれないように観察できる

鴨池周辺の土手の上で野生の鴨の飛来状況などの様子を窺う大覗については、焼失してしまっていたため明治期の資料をもとに形状や設置位置を検討したが、鴨猟を行なったことのない我々にとっては、どこに設置すべきかといった設置位置のほか記録に残る六角形と四角形の大覗の小屋の違いなど大変苦労をした。最終的には建築の専門家が立地特性を考慮して、南側の土手上には六角形の大覗(図14)を、北側の土手上には四角形の大覗を修復することにした。

　鴨場の植栽については、かつて大部分が竹類や松の混植に限られていたようで、「あまり丈が伸びすぎると、鵜やサギ類が営巣し樹木を枯死させる恐れがある」とされていたことなどから、今回は、江戸期の田園的要素の強い、鴨場と庭が一体化した明るい、自然の美しさを損なわない〈修景植栽〉を目指した。また、タブノキ等の大径木《たいけいぼく》は、外周よりの緩衝機能もあるため極力残すこととした。

時代を垣間見せた浚渫工事で出土したもの

平成五年度の第一期工事では護岸の修復事業（図15）とともに浚渫工事も行なったが、戦後初の浚渫であったため、池には大量の泥土《でいど》のほかに、カワウの糞により枯れた周辺の樹木の枝や幹が池の一面に浮遊していた。施工については、文化財のため土手を切り崩して大型機械を搬入することが困難であるのですべて人力で行なった。庭に影響を与えない場所にプラントを設置し、そこまで延々とホースをつなぎ、真空吸引法により泥土を引き出した。

図15　修復された護岸
発掘調査に基づき、木製の護岸として修復された〔公益財団法人東京都公園協会提供〕

池の浚渫工事では池底から思いもよらないものがたくさん出てきた。鴨池や引堀土手からはいくつもの瓦のカケラが掘り出されたが、特筆すべきは池底から直径が約一八cmの丸瓦（巴瓦《ともえがわら》）が何点か掘り出されたことである。このことから、この地にこのような大きな瓦を使用した重厚な建築物が存在していたことが推定されるのである。

享保九（一七二四）年に焼失した御殿の存在を裏づけるものなのか、あるいは「三尼の館」の建物の痕跡なのか、今後の詳細な調査研究を待つしかないが、夢を抱かせる出土品であった。引堀からはさまざまなものが出土した。三番引堀からは護岸を形成していたと思われる玉石の列が出土したが、それは江戸期の旧型引堀跡かと思われる。片側のみの出土でもあり、その実態は不明である。四番引堀からは菓子袋やビール瓶等大量のごみ類が出土した。当時（昭和三〇～四〇年代ころか）の発生ごみを埋め立て処分したと推察される。五番引堀の端部からはレンガ積みの壁が出土した。宮内庁の工事録では確認できなかった。

今回の浚渫によって、丸瓦のような歴史的価値の高いものを出土した一方、今では考えられない当時の管理実態を明らかにする大量のごみ類まで出てくるという、過去の様子も垣間見ることができた。

浜離宮は将軍家の唯一の御庭であり、歴史的にも貴重な場所であるが、江戸幕府の所管から幕府崩壊後宮内省の所管となり、そして戦後すぐに東京都の所管となり公園として開放されたため、文化財としての発掘調査は施設の改修時に行なわれるのみである。

今後江戸の大名庭園の復元に伴う発掘調査を進めていくことによって、今までわからなかった事実が明らかになっていくのではないかと思うと、単に景色の復元だけではなく、大名庭園が江戸時代どのようにして築庭されたのか、その構造や材料など明らかになっていくのではないか、そして、どのような管理がなされていたのかなどについても判明するのではないかと期待が膨らむ。大名庭園はまだまだ発掘調査が進んでおらず、江戸時代の遺物が眠る貴重な存在であるのかもしれない。

4 「庚申堂鴨場」引堀護岸の修復工事

職員体制は江戸時代と現代とほぼ同じ

平成五～六年にかけて全面的な修復工事が行なわれたが、工事の実施から一〇年が経過し、引堀部の板柵護岸の倒壊が進み（図16）、その一部は園路からも見えるため、庭園の景観が大きく損なわれる状態にあったことから、平成一六（二〇〇四）年度に改めて改修することとなった。

図16　老朽化した引堀部の板柵護岸
岸に取り付けた柵の倒壊（円でしるす）によって、池への土砂の流入が見られる〔公益財団法人東京都公園協会提供〕

現地調査の結果から、引堀の倒壊が進んだ主な原因は板柵背面の土圧や部材の老朽化であり、板柵背面への雨水流入が倒壊を加速させたと考えられた。そこで、板柵護岸の耐久性を高めるため、板柵背面に排水施設を設け土圧の軽減を図るとともに、板柵背面への雨水流入を防止するための小土手を整備することとした。

老朽化はいつの時代でも起こりうる。大名庭園の代表的存在ともいえる浜離宮には多くの来園者があり、その人たちに美しい庭園の姿を見てもらうためにも、施設の修復、補修は景観なども考慮して当時使用されていた材料に近い木製材料を使用することとしている。そのため、加工されていない国産木材を使用しているので、経年劣化する年数も早くなっている。

江戸時代も木材の経年劣化する年数は同じであろうから、当時も定期的な補修工事が必要であり、特に将軍の御成りがある場合にはさらに頻繁に施設の補修が行なわれていたであろうと思われる。江戸時代の図面には浜御殿の管理用の長屋が何棟も建てられているが、維持管理用の職員が大勢必要であったことであろう。

明治三八（一九〇五）年の『古事類苑　官位部三』（神宮司庁）等によると、浜御殿を守り庭園の管理を掌《つかさど》る役として浜御殿奉行が置かれ、配下には浜吟味役、浜御殿世話役、浜御殿番、御掃除之者及び浜御殿物書役があったことがわかる。

吉宗が八代将軍となって、「享保の改革」の財政再建の一環によるかは定かではないが、享保四（一七一九）年九月には、浜御殿で総勢一六二人いた役人を二五人まで削減し（御殿番一五人、物書役二人、御掃除之者八人）、維持管理についても簡素化が図られたといわれている。

現在の浜離宮恩賜庭園管理所職員数は一九人（所長一人、副所長二人、管理運営職員三人、維持管理職員六人、非常勤の管理職員七人）となっており、現在の職員数のほうが江戸時代と比べて少なくはなっているが、ほぼ同じレベルである。

共通する維持管理の作業

現在の維持管理職員の作業は、庭園の景観を構成する主要な松の剪定などの維持管理、清掃、草刈り、大泉水の清掃等である。その他、正月の松飾や松の雪吊り、霜よけ用のコモ巻など伝統的庭芸に関わる作業が主な作業となっている。大規模な樹木剪定や芝刈り、施設補修は民間業者に委託している。

江戸時代の維持管理作業については、おそらく御掃除之者が現在の維持管理職員と同じような作業をしていたと思われる。その人数も現在の六人に対して八人とほぼ同じである。当時大名庭園では、大規模な清掃や草刈りなどについては、近隣の農家などから大量の人員を投入して行なっていたといわれており、浜御殿においても同様であったと考えられる。

木製の板柵や工作物は一〇年程度で老朽化が進む。江戸時代も補修工事等は専門業者に発注するなどの仕組みで維持管理作業を行なわなければ、施設を良好な状態で維持することが無理なのは、今回の修復・復元工事を通じて感じたことである。

なお、寛政期になると将軍の利用回数が一気に増えたため、寛政七（一七九五）年の段階では役人の数は四五人（筆頭役三人、世話役三人、御殿番・加役二〇人、物書役二人、御掃除之者一七人）と倍増している。

三節　浜離宮庭園の中心景を復元する

1　護岸の老朽化対策・安全上必要な緊急対応的整備

当面の課題であった鴨場の工事の後、浜離宮では庭園の景色を構成する施設の本格的な修復・復元工事が開始されていくことになる。浜離宮の景色の中心は何といっても「潮入の池」である。

景色を蘇らせるには…

汐入の機能を持つ池は、中島の御茶屋を中央に配した「大泉水」と、江戸湾の海水を直接引き入れる横堀水門のある「横堀」に分かれており、大泉水を特に「潮入の池」と呼んでいる。横堀の両岸は、入り江や岬状の変化に富んだ護岸となっている。大泉水の周囲には三軒の御茶屋が建てられており、池の中心には中島の御茶屋があるなど、浜離宮庭園の中心景を構成している。

この中心景を蘇らせていくためには、まず「潮入の池」周辺の護岸や橋を修復・復元していくことが必要であった。第二次世界大戦の戦後の混乱のなかで応急処置的な修復がなされていたそれらの構造物は劣化が進み、文化財庭園としての景色とはいえない状態であり、安全管理上も見過ごすことはできない状態でもあったのである。

護岸や橋といった庭園の構造物は、建築物と違って図面などの資料は残されておらず、根拠資料としては過去の絵図面などを参考とするしかない状況であった。

「潮入の池」の価値

汐入の機能を持つ池は、海辺に近い場所にあるという江戸の大名庭園の位置的な条件を生かした大きな特徴でもある。そして、隅田川の河口や江戸湾の海辺にいくつもの汐入の池が築庭されたが、その立地条件から台風などの自然災害による被害を受けることも多かった。汐入の池の庭園として今日目にすることができるのは、江戸時代本庄松平氏の下屋敷であった旧安田庭園（墨田区）や江戸幕府老中大久保忠知の上屋敷であった旧芝離宮恩賜庭園など数少なく、汐入の機能を現在も有しているのは浜離宮のみである。

潮入の池は、水門によって海水を導く手法を取り入れた池で、潮の干満によって池の水位が変化し水景が変わる。水門は三か所あり、池の潮位を調節して景色の変化を楽しんでいた。潮入の池の価値は、浜離宮にとどまらず江戸の大名庭園の価値であり、言い換えれば江戸の文化・技術を知る手がかりともなることなのだ。

四節　「潮入の池」の護岸を修復する

1　「横堀」の護岸改修

戦後の補修はコンクリートやモルタルを使用

「横堀」は細長い形状をしており、護岸延長が七二五ｍある（図17）。護岸も入り組んだ入り江や半島で構成されており、かつては〈塩釜の景〉を再現するための塩焼き場など、さまざまな海岸線の景色を取り入れるなど変化に富んだ護岸を有する池となっている。

しかし、横堀は海水を取り込む水門に接した池であり、海水が定期的に干満を繰り返すため、その波による侵食や、カニ等の海洋小動物が石積みの隙間や背面に生息することにより、護岸背面の土砂が流出し、コンクリート等が露出して庭園景観を害していた。コンクリート護岸の崩れが大きく護岸補修工事は急務であった。

護岸工事にあたって、平成八（一九九六）年度から、専門委員会による検討会、現状の護岸の修復時期や手法を調査するために文献収集、及び過去の改修に携わった人へのヒヤリング等を行なった。

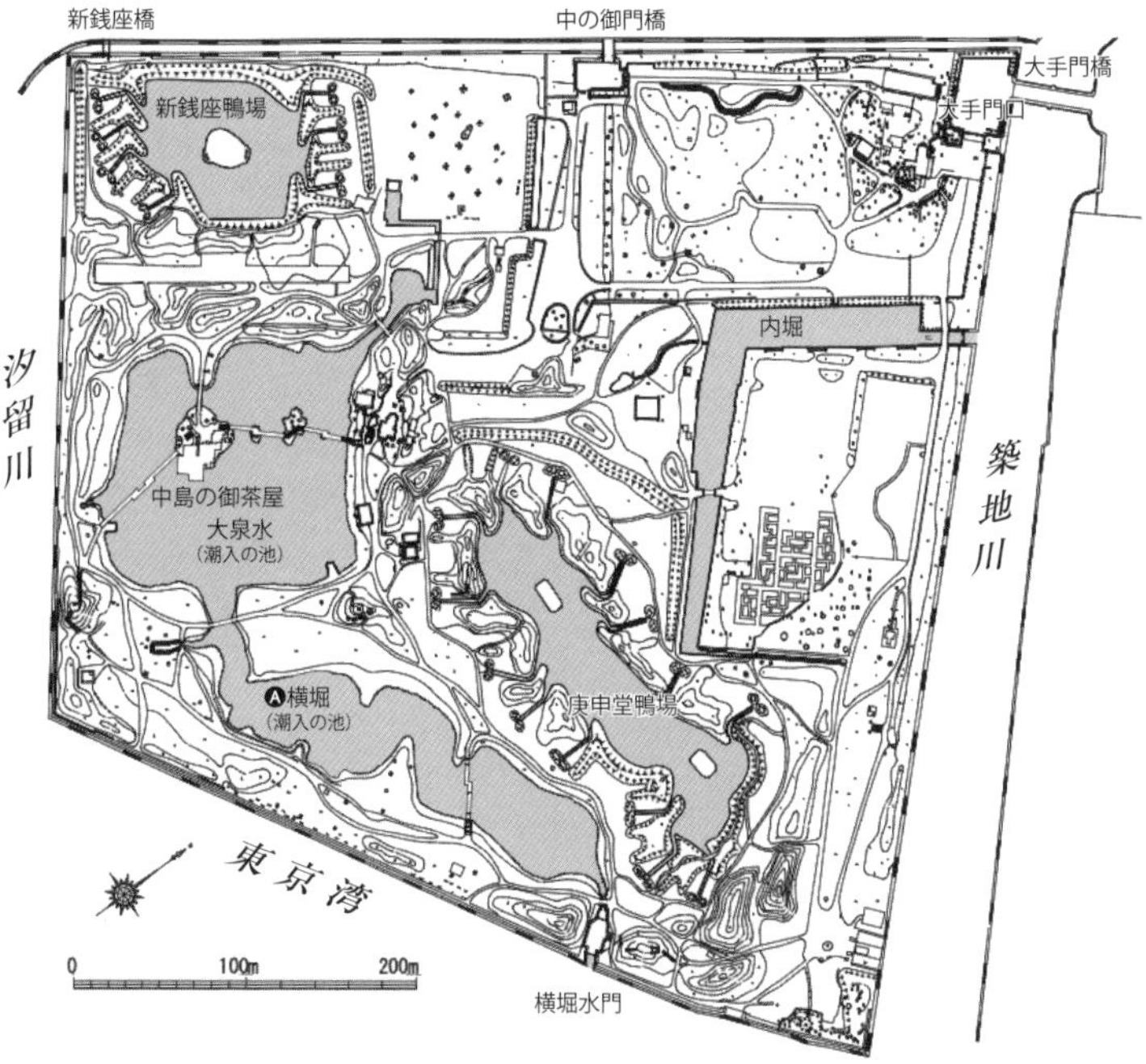

図 17 「横堀」の位置
Ⓐ横堀は汐入の機能を持つ池であり、水門より引き入れた海水を大泉水へ流す役割を果たしている〔図 10 に同じ〕

調査の結果、修復前の護岸は、主に玉石、黒《くろ》ボク石（溶岩石）、間知《けんち》石などがコンクリートやモルタルで固められていたが、昭和三〇（一九五五）年代に失業対策事業で雇用されていた作業員によって、崩れていた護岸を積み直し、コンクリートやモルタルで補修を行なっていたことが判明した。戦後の補修工事としてはよく見受けられることではあったが、文化財としての調査や歴史性を検証してからの補修工事ではなかった。

なお、今回の横堀護岸の改修工事は、平成一一（一九九

図18　黒ボク護岸
黒ボク石を使用することで、荒々しい磯をイメージさせることができる

九）年度から一二年度に実施されている。

〈玉石護岸〉長手使い型と小口使い型を試行

工事は現状の石積みの形で修復することとし、明らかに庭園技法とは違う部分は排除し、庭園技術を持った職人に施工させるということで工事を開始することにした。しかし、右岸の工事を進めたところ、文化庁より遺構調査が不十分であるとの指導を受け、工事を一時中止し埋蔵文化財の調査を行なうこととなった。

そこで、一〇か所の発掘調査（トレンチ掘削）を行なったが、遺構は一か所それも横堀水門を塞ぐ位置に出てきたため、横堀ができる以前の遺構であると確認されただけであった。修復工事は、現状の〈玉石護岸〉、〈黒ボク護岸〉（図18）等で修復を行なうこととし、名勝である景を第一に考えて、玉石護岸施工については事前に試験施工を行ない、工事の施工途中で専門委員会の意見を聞いて確認することとした。

横堀で使用されている玉石は直径一〇～六〇㎝の楕円形の丸い自然石である。楕円形であるがゆえにその積み方によって護岸の見え方が随分と変わってしまうのである。玉石護岸の積み

図19　玉石護岸――長手使い型の場合
卵型の玉石の長辺を護岸の正面に見えるように積む長手使い型は、護岸が柔らかく見える

方には、卵型の石の長辺が護岸正面に見えるように積む長手使い型と、卵型の石の短辺が護岸正面に見えるように積む小口使い型の二つの手法がある。

　横堀は従来から長手使い型であったが、長手使いの場合、上に乗る石との接点が少なく、石と石との目地が大きく、背面の土が流れやすい欠点があった。小口使い型は上に乗る石との接点が広く荷重を受けやすく、目地も狭いため崩れにくいが、護岸が荒々しく見え、雰囲気が変わってしまう面があった。

　そこで、玉石護岸の試験施工にあたって、試験的に長手使い型と小口使い型を積んで、現地での景色を比べてどちらの工法にするかをそのつど決めることとした。その結果、護岸の緩やかな直線部分は現状の長手使い型の石組（図19）とし、護岸の傾斜が強い箇所や鋭角的な変化点は小口使いとすることに決定した。

　玉石の石積み施工にあたっては、崩壊防止のため背面に「吸出し防止シート」を敷き、玉石の裏込め材を単粒度《たんりゅうど》砕石《さいせき》にすることにより土砂の流出を防ぎ、カニの営巣できない護岸とすることができた。何気なく見ている池の護岸も、積み方によって雰囲気が変わってくる。できあがったものを見ると当たり前のように見える護岸の景色であるが、その景色を創り出すために石を横向きにするのか、縦置きにするのか、現場では史実の検証や池の風景との溶け込み具合などさまざまな観点から考察して決めていったのである。

現地で実際に玉石の積まれた護岸をよく観察してみると、その積み方が場所によって変化していることがわかると思う。

2 「大泉水」の護岸修復

背面土砂が流出していた護岸

横堀からつながる「潮入の池」のもう一つの池が「大泉水」(面積約一万六七〇〇㎡)である。

大泉水は築庭時からほぼ変わらない形で、中央部には中島の御茶屋があり、公家や大名などの将軍の賓客をもてなす場として、また、御台所や姫の慰安の場所として利用されていた。明治時代以降も、その機能は変わらず、中島の御茶屋から見る大泉水の眺めは、多くの賓客をもてなす場にふさわしい景色を創り出していた。

その大泉水の護岸も、戦災及び経年劣化による崩壊を復旧するため、横堀と同様に失業対策事業の一環として修復されていた。それは、横堀と同様に文化財としての調査に基づいた修復ではなく、崩壊した護岸の復旧として急いだものであった。しかし、庭園としての見栄えを考え丁寧に作業が行なわれていた。

とはいえ、戦後の修復から時間が経過し、護岸から背面土砂が流出して崩れかけている部分があるほか、干潮時には後世に施工された直線的なコンクリート製の基礎が見え、石を固定するモルタルが目立つなど、景観上の問題が指摘されていた。これらの課題を早期に改善を図るため平成一八（二〇〇六）年度より調査が開始された。

事業実施に際しては「保存管理計画」が策定されるまでは、個別の検討委員会を開いて文化庁と協議して工事を実施するということだったが、平成一六年度に「保存管理計画」が策定され、庭園内の修復事業は整備事業計画に沿って事業が進められることになった。また、保存管理計画が策定されたことにより、文化庁の補助事業「史跡等総合整備活用推進事業」の採択を受け、破損が著しく庭園の価値の保存や利用、鑑賞に支障がある施設の計画的な改修に取り組むことにもなった。

護岸の形状は一切不明

実は、昭和五〇（一九七五）年の文化財保護法の改正により「文化財の保存のために欠くことのできない伝統的な技術又は技能で保存の措置を講ずる必要があるものを選定保存技術として選定することができる（文化財保護法一四七条第一項）」として、日本庭園の技術も伝統的な技術として選定されたのである。そして、選定にあたり技術の保持者及び保存団体として「文化財庭園保存技術者協議会」が認定された。

今回の護岸修復は、この「文化財庭園保存技術者協議会」と連携して行なわれた。護岸の修復の場合、建築物と違って設計図や絵図面などは残されておらず、どのような護岸の形状をしていたかは一切不明である。

横堀の護岸修復の際も同様であったが、江戸時代の護岸がどのような姿形であったかは、江戸時代の護岸形状ができるだけ良い状態で残されていると思われる他の庭園の姿を参考にし、今に伝わる石積みや護岸形成の庭園技法を参考にしながら推測するしか方法はないのである。

また、護岸の構造については史資料では把握できなかったため、発掘調査により遺構の確認や護岸の構造及び年代の把握に努めなければならない。

そこで、享保九〜一六（一七二四〜三一）年に描かれた『浜御殿惣絵図』や、幕末から明治にかけて撮影された写真や、宮内庁所蔵の護岸の工事録を参考とした。

なかでも大正一一（一九二二）年ころに撮影された通称「浜離宮アルバム」（宮内庁所蔵）には護岸全体の状況が比較的よくわかる写真が含まれていたため、これを基礎的な資料とした。

また、文久三（一八六三）年〜明治一七（一八八四）年に滞日したイギリスの写真家F・ベアトの写真集（横浜開港資料館所蔵）なども参考になった。

写真を見ながら、その写真を写した方向からその護岸が現在のどこの部分かを特定し、現状と比較しながら修復すべき護岸の姿を決定していった。

修復目標年代は、資料が比較的豊富な大正一一年として、写真から割り出した護岸の石の積み方を見ながら、既存の石材の一つ一つについて再使用の可否、存置すべき石などを考えあわせながら詳細な図化を図っていった。石の位置を綿密に割り出し、使用不可の石と同等の石を探し出し、大名庭園にふさわしい護岸の姿に修復していった。

なお、今回の「大泉水」の護岸修復は、平成一八（二〇〇六）年度から二〇年度に実施されている。

五節　橋を修復する

1　「海手お伝い橋」の改修

浜離宮には多くの橋がかけられているが、大泉水の周辺は景の中心となっているため橋の数も多く、小さな橋も入れると四か所、横堀には三か所の橋がかけられている。そのなかから特徴的な「海手お伝い橋」、「中の橋」、「中島橋」（図20）を選び修復の様子を紹介しよう。

図 20 「海手お伝い橋」、「中の橋」、「中島橋」の位置
図面左上から「❼中島橋」、「❿中の橋」、「⓫海手お伝い橋」となる。「中の橋」は舟の往来も考えて反り橋の形状となっている〔図 10 に同じ〕

通行止めの橋を早期に渡れるよう改修

「海手お伝い橋」は、「汐見茶屋（海手茶屋）」に向かう横堀に架けられた橋で、一九世紀に入って整備されたものと推定されている。汐見茶屋が失われた現在も、南北に長い横堀を横断する重要な動線となっている。しかし、この橋も含め、園内の橋はすべてが昭和一九（一九四四）年の空襲により焼失してしまい、それぞれが昭和三〇年代から四〇年代にかけて復旧されたものであった。

当時の復旧事業は、焼失した施設をできるだけ早く復旧し、

図21　復旧整備された当時（昭和44〈1969〉年ころ）の「海手お伝い橋」
〔『濱離宮（写真帳）』、宮内庁宮内公文書館所蔵〕

庭園としての姿を取り戻したいという願いのもとに行なわれた事業であり、景観を考慮しつつ、安全で強健な橋を整備することが復旧目的でもあった。

焼失した海手お伝い橋は、昭和四〇（一九六五）年に復旧整備されていた（図21）。しかし、橋脚を兼ねる鉄筋コンクリート基礎杭やPC製品の梁《はり》、桁《けた》、床板などの劣化が進み、通行者の安全を確保できないと判断されたため、平成一五（二〇〇三）年六月から通行止めにされていた。

庭園の橋も池の護岸と同じように正確な図面や絵図は残されていないことが多く、どのような構造でどのような姿であったのかについては、文献調査などにより江戸時代の他の庭園の橋の様子などを参考に決めていくしかなかった。海手お伝い橋は浜離宮の中心施設である大泉水ではなく、横堀に架かる橋であるため古い写真なども見つからない。結局、江戸時代の海手お伝い橋を復元する工事ではなく、あくまでも昭和四〇年に復旧した橋をベースにして、景観を配慮したうえでの利用者の安全と利便性を確保するための改修工事となった。

図22　現在の「海手お伝い橋」の姿
大泉水に架かる「お伝い橋」が木橋であるのにならい、基礎部分を除き同じ木製の橋とした

現況の景観に配慮したうえでの修復

大名庭園の場合、所有者が変わるたびに庭園の地割が変わったり、施設が加えられたり撤去されたりしているため、庭園施設の詳細な記録も少なく詳細な絵図面がないことが多い。特に木造構造物である橋などの場合、焼失してしまうとその姿は推測して再現するしかない。浜離宮の場合も、復元すべき資料が残されている資料がある場合は、その資料に基づき正確な復元を進め、そうでない場合は、現況の景観を配慮したうえで修復工事を進めるという考え方で実施していったのである。

今回の改修に当たり、地下の遺構の保護を図るとともに、庭園利用上、早期に通行できるようにする必要があることから、既設杭の再利用が可能かどうか安全性を確認するために、地質調査やコンクリート強度試験、載荷試験を実施した。その結果、十分な支持力と耐用年数が維持できると判断されたため、既設の鉄筋コンクリート杭を使用することとした。上部については、庭園の景観の一体性を尊重し、大泉水に架かる「お伝い橋」の意匠を踏襲することとした（図22）。

なお、今回の「海手お伝橋」の改修は、平成一六（二〇〇四）年度から一八年度に実施されている。

2 「中の橋」の改修

コンクリート部材の違和感と著しい劣化に対応

「中の橋」は浜離宮庭園の中心的な景観を構成している大泉水と横堀を結ぶ水路上にかけられた橋（図20：124頁参照）であり、橋を渡る際には大泉水の景色と横堀の景色を左右に見ることができる鑑賞地点（図23）として重要な場所であるとともに、景観構成を考えるうえでも重要な「橋」となっている。

戦災により焼失したこの橋も、昭和三一（一九五六）年に架け替えられ、昭和五五（一九八〇）年に上部工（橋桁部分の上部構造）の大半が改修された。以前からコンクリート部材による外観の違和感が指摘されていたが、これに加え、床板、高欄《こうらん》、橋脚等の劣化が著しくなって

図23 「中の橋」から眺めた景色
「大泉水」の向こう岸にあるのは「中島の御茶屋」であり、高層ビルが建つ辺りは汐留の再開発地区になる

きたため、平成一八（二〇〇六）年に改修に着手したのである。

設計にあたっては、海手お伝い橋の改修時と同様、『浜御殿惣絵図』や幕末から明治の写真や宮内庁所蔵の工事録などでこの橋に関する記録を確認した。

発掘資料について、レーダー調査の結果では、現存する橋脚の一部に自然石（御影石）が使われていることが判明したが、明治一五（一八八二）年に橋を架け替えたときの記録によると「踏石相州堅石方貳尺厚壱尺杭穴彫八寸角居」とあり、石製の橋脚を設けたことがわかり、寸法も現存する橋脚と一致したため、遺構として現状のまま保存することとした。

調査で得られた多くの知見をもとに検討した結果、部材の寸法や材木の種類等も記載され、構造等の詳細がわかる明治三五年の宮内庁工事録を基礎的な根拠資料にして、設計を進めることとした。旧橋と異なり橋脚に荷重をかけず橋台だけで支持する構造としたため、桁や梁を鋼製にするとともに、橋台も大きくした。鋼桁の外観は木材で化粧し景観に配慮した。また、江戸時代この橋の下を船で潜り抜けて楽しんでいたともあるため、反りのある橋の形状とした。

資料整理の重要性を確認

「中の橋」の作成年代は不詳であるが、六代将軍家宣の庭園大改修後の御庭の様子がよくわかるといわれている『濱御殿地繪圖』（東北大学附属図書館所蔵）にもすでに「中の橋」は描かれている。この絵図は宝永四（一七〇七）年から享保九（一七二四）年までの作と推測されており、回遊式庭園としての機能上からも、鑑賞ルートを構成する重要な橋であったであろうことは考えられる。改修工事も頻繁に行なわれており、そのときの資料も数多く残されているため、精度の高い改修工事を行なうことができた。

築庭時の庭園の利用方法や橋の姿については資料も少なく、復元するに値する資料もまたほとんど存在していなかったが、今回の改修で貴重な資料を整理することができた。庭園を次の世代へ引き継いでいくうえで重要な経験となった。

なお、浜離宮庭園の「景」の復元の本格的事業の着手といえるのが、この年、平成一八（二〇〇六）年からであった。今回の「中の橋」の改修は、平成一八年度から一九年度に実施されている。

3 「中島橋」の改修

正式な玄関となる橋

「中島橋」は、大泉水の中心にある中島の西側に架かる橋（図20：124頁参照）であり、中島の御茶屋に向かう玄関の意味合いを持つと考えられ、庭園の景観や観賞ルート上、中心景を構成する重要な橋なのである。だが、現在多くの来園者は、園路を進み大泉水を臨むと、燕の御茶屋を眺めつつ「お伝い橋」を渡って大泉水の中心に建つ中島の御茶屋へやってくる。

浜御殿として六代将軍家宣の時代に造られた当初から、中島への入り口は中島橋であり、中島の御茶屋へ向かうには必ず通らなければならなかった。

その中島橋も経年変化による劣化により、高欄木部の痛みや橋脚コンクリートの剝離《はくり》等が見られ、安全性に懸念があることから周辺護岸の修復と合わせて、全面的な架け替えによる改修を行なうことになった。

なお、現在、多くの来園者が利用しているお伝い橋は、一一代将軍家斉が浜御殿を鑑賞性と回遊性を高めるために寛政時代に整備したものであり、大泉水周辺の松の御茶屋、鷹の御茶屋、燕の御茶屋が整備されたのも同じ家斉の時代である。

「中島橋」の詳細な形状が確認できるのは、やはりF・ベアトによる写真となる。この写真の中島橋は、原状と同形状の反り橋であるが、構造は木造と見られ、焼失後に復旧された柱は四本だったが元は八本であることが確認された。

木橋の姿に戻す

中島橋は、浜離宮庭園の景の中心をなす浜離宮を代表する橋である。その橋の橋脚、桁、梁、敷板がコンクリート製では大名庭園の橋の姿にふさわしくない。できるだけかつての木橋の姿に戻すことを基本的方針とした。

改修の基本的な考え方としては、江戸期を指向し、幕末から明治期の史資料を根拠とするとした。このため、最も近い時代の史資料である明治五年以前のベアトの写真と、明治三五（一九〇二）年の図面を根拠として改修することとした。

木橋として修復するため、木橋の強度と耐久性を強化する必要があった。そこで、ベアトの写真を参考にし、江戸時代、幕府の普請方が用いていた河川構造物や橋梁《きょうりょう》に関する標準仕様書にもある、根包《ねつつみいた》板を橋脚に取り付けることにした。

江戸の河川は海の干満差が一ｍを超えており、乾湿を繰り返す部分が腐食しやすく、船虫などの被害もあったことから、この部分の腐食を防止し強度を増すために、杭の周りに厚さ六〜八㎝、幅一二〜一五㎝ほどの板を、橋脚を包むように取り付けた。それを根包板と呼んでいた（図24）。

海水を引き入れる潮入の池も同様の乾湿の状態にさらされることから、江戸時代の木橋維持

図 24　根包板を取り付けた橋脚
円で囲ったのが根包板の一部。水に浸かる部分より上（高い所）までを保護するよう取り付けられる

管理技術を中島橋にも採用したのである。なお、橋脚の数は、今回の改修前の四本ではなく、根拠資料に基づき八本とした。基礎杭については、既存の松杭が確認されたため、地下遺構の保護の観点から既存杭を再利用して、新規の杭は設置しないこととした。

江戸時代の木橋技術を取り入れることにより、大泉水の景の中心を構成する中島橋を、コンクリート製の橋からかつての木橋の姿に戻すことができた。木橋のため、修復の頻度が高くなることが予想されるが、大名庭園のかつての美しい姿を復元していくためには、経済性だけを考えるのではなく、当時の技術や工法・材料、そして美的感覚をも考慮に入れた修復を進めていかなければならない。

なお、今回の「中島橋」の改修は、平成二七（二〇一五）年度から二八年度に実施されている。

六節　御茶屋群を復元する

1　活用された御茶屋

御茶屋があってこその大名庭園

浜離宮は本来、大泉水と池畔《ちはん》の御茶屋群が一体となって特徴的な汐入式の大泉水としての景観を構成し、御茶屋を活用した庭園の利用が行なわれていた。しかし、御茶屋群がないことで景観上かつ利用上構成要素が欠落した不完全なものとなっており、浜離宮の大名庭園としての本来の価値が十分に伝えられていなかった。

大泉水を中心として池畔に御茶屋群を復元配置し、美しく整った回遊式庭園の景観を再現することは、江戸大名庭園の姿を蘇らせ江戸文化を今日に伝えることにつながるのであり、そして御茶屋を活用した庭園利用を体験することで浜離宮への理解が深まり、大名庭園としての価値をさらに高めることができるようになるのである。

なお、大名庭園における「茶屋」は、茶道における茶室とは異なり、賓客と庭園の景色を楽しみながら食事をしたり、和歌を詠んだりするおもてなしの場所、庭園内のゲストハウスともいえる建物のことである。

利用目的に応じた五つの御茶屋

浜離宮には「中島の御茶屋」（85頁参照）のほかに「松の御茶屋」、「燕の御茶屋」、「鷹の御茶屋」、「汐見の御茶屋」があった（図25、26、27、28）。これらの御茶屋は歴代の将軍が公家や大名たちをもてなす場所として、またプライベートで楽しむ場所として利用されていた。そして、庭園の利用はもとより浜離宮の景色を構成するうえでも欠かすことのできない重要な存在であった。

池を中心として回遊しながら景色の変化を楽しむ回遊式庭園である大名庭園にとって、御茶屋はその庭の一番のビューポイントに建てられており、最大のおもてなしの場となっていた。庭園には五か所の御茶屋が建てられていたが、それぞれ特徴ある利用がなされていた。

「中島の御茶屋」は、浜御殿が造られた当初から建てられた御茶室で本庭園のおもてなしの中心的施設であった。

「松の御茶屋」は、中島の御茶屋を背景として潮入の池を眺められるビューポイントに位置している接待場所であった。

「燕の御茶屋」は、上段（床を一段高くした座敷）の間があり、将軍のプライベートでの利用の場であったのではないかと考えられている。

そして、「鷹の御茶屋」は鷹狩の際の休憩場所であった。

このように、利用目的に応じた御茶屋が大泉水の中心に一棟、そして大泉水周辺に三棟、そして海辺に一棟建てられていたのである。

東京都における文化財庭園の「保存管理計画」（平成一六年）では、震災や戦災で焼失した建造物も復元を行なう必要があるものと位置づけており、潮入の池護岸修復、海手お伝い橋修復、中の橋修復等、概ね短期計画の項目が完了になった後、平成一九年度より御茶屋群の復元に着手することになった。

なお、浜離宮の文化財指定は庭園として指定を受けているものであるが、焼失した御茶屋群についても、特別名勝・特別史跡の構成要素上、重要なものとして指定説明の中に示されている。文化庁の復元検討委員会での審査を踏まえ、復元工事にあたって建築基準法の第三条（適用の除外）第四項の適用を受けた。

2　「松の御茶屋」の復元工事

健全な状態で残っていた礎石

「松の御茶屋」は、大泉水池畔の景観上欠かすことのできない構成要素であるとともに、将軍園遊時の休憩所として必要欠くべからざるものであった。また、名勝・史跡の指定説明文にも欠失した状態であることが特に記されている。

平成二〇（二〇〇八）年に発掘調査（表土の鋤取り）を行ない、礎石の状態を詳しく調べたと

図 27　鷹の御茶屋
右は茶屋焼失の昭和 19（1944）年より前に写した写真、下は復元後の茶屋

図 28　汐見の御茶屋（海手茶屋）
ここから将軍は江戸湊での漁の様子や船の往来を観覧したという。茶屋は大正 12（1923）年関東大震災の折に焼失。その後、復元されず現在に至っている

図 25　燕の御茶屋
左は茶屋焼失の昭和 19（1944）年より前に写した写真、下は復元後の茶屋

図 26　松の御茶屋
上は茶屋焼失の昭和 19（1944）年より前に写した写真、下は復元後の茶屋

※「焼失前」の写真は 1884 ～ 1944 年撮影のもの〔『濱離宮（写真帳）』（宮内庁宮内公文書館所蔵）より転載〕

ころ、戦火を浴びて表面が剝落《はくらく》している礎石もあったが、ほぼすべての礎石が健全な状態で残っていた。このことが復元にあたって有効に働くことになった。

松の御茶屋の復元に際しては、庭園全体の景観が有する価値を第一としたため、高さは創建当初と変わらないような措置が望まれた。

しかし、文化財建造物の復元にあたって、遺構の保全を図るために文化財保護法に基づき上部の建物を復元する際にはある程度の覆土《ふくど》等を施し、その上に建築することが一般的となっている。その結果、建築物の位置が現地盤より三〇cm～一m近く高くなってしまい、創建当時の人たちが楽しんだ目線で景色を見ることができず、またその建物の周囲に及ぼす景色も当時とは変わって見えてしまうのである。

見える高さの復元

「松の御茶屋」は浜離宮にとって重要な景観構成要素であり、そこから眺める景色は何人もの将軍や公家たちが眺めた美しい景色であり、茶屋内部から見た庭の景観、庭園の回遊路からの建物の見え方について、建物の高さの変化が大きな影響を及ぼすことから、なんとしても嵩上げしない方法がないかと思案が始まった。

そこで、発掘調査で元の礎石が健全な状態であったことから再利用することができないかを検討し、遺構保護と地盤強度確保のための耐圧盤を本来の高さの中で収まるように工夫して設計することになった。

図 29　釘隠しや欄間の透かし彫りの細工
欄間の浜千鳥の透かし彫り（下）は水面からの光を受けると、その影はまるで浜千鳥が飛んでいるようにひらひらと動く。松笠の釘隠し（上）は「松の御茶屋」の名前の由来とされているが、屋敷の周りにたくさんの松の木があったことによるとの説もある

その結果、「松の御茶屋」は創建当初の高さで復元することができ、景観的にも大泉水にふさわしい姿とすることができたのである。戦災に屈することなくほぼ健全な状態で見つかった礎石のおかげで、創建時と変わらない風景を取り戻すことができた。

また、欄間《らんま》や金物についても、宮内庁、都立中央図書館に原寸大の摺《す》り拓《たく》本《ほん》が保存されていることがわかったため、松の茶屋の由来ともなった、松笠の形をした釘隠《くぎかく》しなど忠実な復元が可能となった（図29）。

なお、今回の「松の御茶屋」の復元工事は、平成二一（二〇〇九）年度から二二年度に実施されている（図30）。

3 「燕の御茶屋」の復元工事

接客の場としての利用

「燕《つばめ》の御茶屋」は、史資料調査の結果、一一代将軍家斉の時代、文化六（一八〇九）年から天保五（一八三四）年までの間に建設されたことがわかっている。「燕」の名前の由来は明確ではないが、燕型や燕子花《かきつばた》型の釘隠しが使われていたことが由来ともいわれている。

建物の室内には将軍家が座るための「上段の間」が構えられており（図31）、将軍自身が接客・利用するための建物であったと考えられている。史資料によれば、江戸時代の「燕の御茶屋」については、調度（生花、座敷飾《ざしきかざり》）を鑑賞する、菓子・寿司などを食する、和歌を詠むといった利用が確認されている。

明治以降の詳細な利用方法はわかっていないが、西洋厠が増築されたり、畳から絨毯《じゅうたん》敷きに変更されるなどの整備がされていることから、外国要人の接客の場として利用されていたことが伺える。その後、戦災によって焼失したが復元し、現在に至っている（図32）。

図30　松の御茶屋の内部
障子紙には国指定重要無形文化財である本美濃紙が使われ、丸窓は「満月に霞」をモチーフに「呂色（ろいろ）仕上げ」が施されている。また天井に樹齢千年以上の屋久杉を使うなど史資料に基づいた復元がされている

将軍家の御茶室として忠実に復元

発掘調査の結果、礎石類は戦災による火災の影響で割れや表面の剥離はあったが、ほとんどその場に残されており、史資料と一致していた。そのため、松の御茶屋と同様に残された礎石を再利用することにより、建物の高さについては創建時の高さで復元することができた。

図31　将軍が座った「上段の間」
高級な本高宮麻縁（ほんたかみやあさべり）を畳縁（たたみべり）に使用、小襖（こぶすま）は白磁でできている。かつて小襖には富士を描いたという

図 32　屋内からの眺め
ガラス戸の真ん中に見えるのが、お伝い橋の中ほどにある「小（こ）の字島」である。大小３つの小島が並んだ形が「小」の字のように見えることから付けられた。その後ろに見える屋根は「中島の御茶屋」の一部になる

燕の御茶屋の復元に際して幸運であったことは、発掘調査の際、戦災の片づけ跡とみられる土坑《どこう》から、燕型の釘隠しの金具が一九個出てきたことである。

燕の形をした金具は、明治二四（一八九一）年の宮内省による「工事録」から二四個ついていたことがわかっていた。

発見された金物は火災による破損で燕型が判別できないものもあったが、明治期宮内省の技師が実際の部材を写し取った拓本が良い状態で保管されていたため、拓本と合わせて一九種類の燕型が判別できたので、これらをもとに燕型の釘隠しを作成することができた。拓本は燕の羽や顔などの詳細な彫金《ちょうきん》の様子までわかる資料であったため、当時の燕の生

き生きとした姿を取り戻すことができた。

　これらのことから、家斉時代から江戸時代末期までを想定した「燕の御茶屋」の復元は、上段を備えたまさに将軍家の御茶室として、建具や材料なども含め、忠実に復元を行なうことができたのである。

　なお、今回の「燕の御茶屋」の復元工事は、平成二五（二〇一三）年度から二六年度に実施されている。

4 「鷹の御茶屋」の復元工事

　「鷹の御茶屋」は、寛政七年（一七九五）ころに、将軍の鷹狩の待合や休憩所として整備された建物であるといわれている。家斉は寛政三（一七九一）年に庚申堂鴨場を完成させ、それ以降、好きな鷹狩のためにたびたび浜御殿に御成りになるようになるが、鷹狩の休憩所として造られたのが鷹の御茶屋と考えられている。

藁葺屋根を再現

　文献資料には「藁屋の御腰掛」、「わらぶきの御亭《おちん》」等と称され、主に鷹狩りの待合・休憩所として使われたほか、建物の調度や細部の鑑賞、また、地炉《じろ》が設けられていたことから、寒い日には地炉で栗や芋を焼くなど、藁葺の農家風建物で農村生活的な遊びを楽しんでいたと思われる。他の御茶室とは異なり、鷹の御茶屋は鷹狩の装束のまま出入りできる待合、休憩所としての機能を踏まえると、室内は土間であったと推測された。

平成二七（二〇一五）年一月から二月にかけて発掘調査を実施した結果、創建当初の礎石が確認できたほか、幕末増築時の礎石や明治以降に改修された痕跡（礎石、地炉や竈《かまど》）が確認された。また、史資料調査の結果、幕末・明治初期及び明治中頃以降の古写真や絵図等の根拠資料が確認でき、礎石等の配置についても絵図と概ね一致していることから、現存する礎石や史資料をもとに復元することは可能と判断されたため、基本的に建具等も含め、忠実に復元を行なうものとした。

復元年代の設定は、古写真の比較（幕末期の写真と明治中頃の写真）や、絵図、工事記録等の史資料からは、明治以降は大掛かりな改修もないことが確認され、江戸時代末期の建物を復元することとした。

鷹の御茶屋の復元では、今までにない藁葺屋根を再現した（図33、34）。鷹の御茶屋は幕末の増築などもあり屋根の構造が非常に複雑に入り組んでおり、藁葺には相当の技術を要する。秋田から茅葺職人を呼んだが、変化に富んだ屋根に一定の厚みでしかも美しく藁を葺くことは困難を極めたという。大量の藁を用意するのも大変だった。

職人にとっても、このような複雑な屋根を葺くことは今までにないことだった。屋根と屋根とが交わるL字型に曲がった部分など、藁に一定の長さがないと葺けず、それを一定方向にそろえながら曲線を美しく作り出すのに非常に苦労したという。この藁葺については、数年おきに職人たちに来てもらい補修をすることで、その美しさを維持している。

図 33　「鷹の御茶屋」（右）と「燕の御茶屋」（左）
２軒の距離は近い。建てられた年代は「鷹の御茶屋」のほうが少し古い。「鷹の御茶屋」が接待客や家臣を伴い大勢で立ち寄る場所であったのに対して、「燕の御茶屋」は将軍が私的な時間を過ごす場所であったことから、間取りが少なく小ぢんまりした印象を受ける

図 34　藁葺の屋根の再現
南側・西側の入母屋造りに対して、東側は寄棟造りという複雑な屋根構造でありながら、柔らかい曲線を出してまとめているのは職人のなせる業である

図 35　御茶屋の内部
鷹狩の装束で出入りできるように土間（たたき）となっていて、将軍が休憩の際などに腰かけるための「上段の間」も用意されている。現在、常時見学ができる

図 36　鷹部屋に展示されている鷹の剥製
御茶屋の裏に鷹部屋（飼育小屋）がある。写正月行事のときには放鷹術（ほうようじゅつ）の実演を行なっている

鷹の御茶屋は将軍の鷹狩の休憩場であったことから、土間構造で復元した（図35）。来園者がそのままお茶室内部に入り、そこでお茶室の構造や鷹狩についてわかりやすく解説したパネルの展示や動画の放映など、歴史的な経緯や機能についての「展示・解説スペース」として建物の活用を図ることとしたのである。

なお、今回の「鷹の御茶屋」の復元工事は、平成二八（二〇一六）年度から二九年度に実施されている。

七節　修復・復元工事の進捗状況

1　その他の実施工事

浜離宮恩賜庭園では、主な景観ゾーンの他にも老朽化が激しい部分（図37）について修復工事を行なってきた。平成一三（二〇〇一）年度から二一年度に実施された工事は以下の通りである。

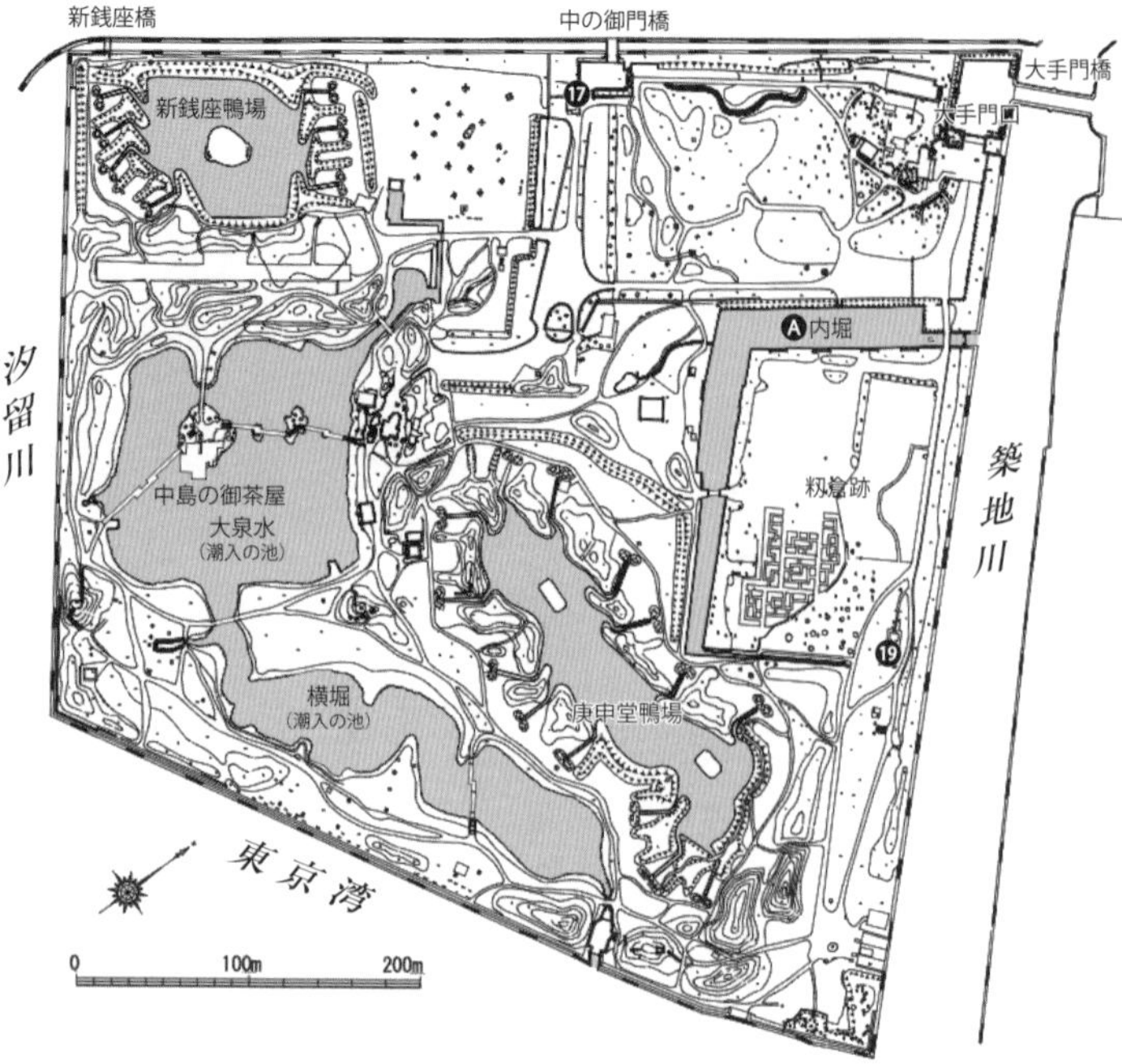

図 37　「中の御門」、「内堀」、「旧稲生神社」の位置
図の上、中央の「中の御門橋」に近い⓱が「中の御門」、築地川からの水路Ⓐが「内堀」、籾倉跡のある広場の外れの⓳が「旧稲生神社」になる〔図 10 に同じ〕

「中の御門」
復元的整備

「中の御門」は汐留川に架かる橋とこれに連続する枡形《ますがた》から構成される。延宝年間（一六七三～八一年）の御府内沿革図に描かれており、甲府宰相松平綱重が三代将軍家光からこの土地を賜ったのが承応三（一六五四）年であることから、庭園が整備された当初より設けられていた出入口と考えられる。

橋梁については、汐留川の川幅が首都高速道路の整備により四五mから七mと非常に狭くなってしまったため、復元は不可能であり橋梁の新規整備という位置づけになった。整備にあたっては、遺構と全く関係なく整備する橋であり、来園者に誤解

図38　復元された「中の御門」
武家特有の門形式である塀重門（へいじゅうもん）と柵門。明治2（1869）年に延遼館が完成すると「中の御門」を「浜離宮表門」と呼ぶようになった。しかし、その後は再び大手門が浜離宮表門となり現在に至る

図39　新設された橋梁（中の御門橋）
橋はコンクリート製、高速道路側の堤防は壁面に石材を貼る「石張り仕上げ」とした

を生じないようにすべきという文化庁の意見も踏まえ、周囲の景観との調和を図る観点から「石張り仕上げ」を行なうこととした。

　中の御門地区の復元的整備（図38、39）は、工事着手から一年半、平成一三年度の調査開始からすると五年近くを要して平成一八年度にようやく完成した。

「内堀」護岸修復

　「内堀」は、築地川から園内に通じる堀である（図40）。かつて浜離宮は、江戸城の出城としての機能を有しており、内堀周辺は、米蔵、浜御殿番御借長屋、主水組《もんどぐみ》長屋、船見番所などが並ぶ管理機能のための空間であった。浜御殿の米蔵は幕府のためのものではなく、江戸時代たびたび発生した飢饉に備えたものであったといわれており、いわゆる危機対応の備蓄米が浜御殿に用意されていたのである。

　この堀の両側の護岸には今でも何か所かに船着場（階段状に何段か下がった部分）が残っている（図41）。古絵図や工事録には築地川を経由して船で運ばれた多くの物資が「内堀」の船着場で陸揚げされたことが記録に残されており、内堀の石積みは江戸期の水運の遺構としても極めて貴重である。水運の発達していた江戸時代には各所にこのような船着場があったと思われるが、江戸時代の姿そのままで残されているのは東京都内の河川を調べても浜離宮だけと思われる。

　内堀は部分的に石積みが崩れかけていたほか、堀底のヘドロの堆積、周辺での樹木の繁茂な

図 40　海と通じた「内堀」
内堀には水門がなく、築地川を介して海と通じているため潮位の影響を受け、園内で最も大きな干満の差を見る。また、庚申堂鴨場への池水の供給は内堀から行なわれている

図 41　船着場と堀の石積み
船着場に今も残る荷下ろし用の階段。堀の石積み（護岸）を発掘調査したところ、古絵図にも描かれた船着場の遺構が発見されている

図42　旧稲生神社と現在の稲生神社
（上）昭和29（1954）年に撮影された旧稲生神社。神社の社殿は18世紀中ごろに建てられたものとされ、明治の初めに社殿とともに現在地に移築された〔『濱離宮（写真帳）』、宮内庁宮内公文書館所蔵〕
（下）平成18（2006）年に復元がなった稲生神社。昭和30（1955）年代以降はほとんど補修されず、破損が著しかった〔公益財団法人東京都公園協会提供〕

ど、遺構の保存について大きな問題があるため、平成一九（二〇〇七）年度から修復を開始し、平成二一年七月に工事は竣工した。

「旧稲生神社」の解体・復元

旧稲生神社のある浜離宮の北東部は、江戸期には籾倉や舟見番所等が建ち、多くの人が働き暮らしていた場所であった。当時この一角には二つの稲荷社があったことが知られており、彼らの信仰を集めていたと思われる。そしてそのうちの一つが、明治二（一八六九）年に現在位置に移されたと伝えられている（図42）。

戦前まで浜離宮庭園内には多くの御茶屋や建物があったが、震災、戦災でそのほとんどを失い、わずかに旧稲生神社と芳梅亭として利用されている官舎が残されただけであった。しかし、旧稲生神社は蟻害《ぎがい》や雨漏りで部材の腐朽が進み、倒壊の危機に瀕していた。

復元にあたり、既存の建物は全部解体し、部材の腐朽状態を確認するとともに過去の仕口、改修の痕跡等を調査した。復元工事は平成一八年一月に着手し、一八年度中に完了した。

2　残されている復元工事

昭和五七（一九八二）年の中島の御茶屋から始まった修復復元工事は、平成一六（二〇〇四）年に決定された保存管理計画に基づき計画事業として進められてきた。この間、鴨池、護岸、橋、御茶屋と修復復元が進められ、江戸時代末期の浜御殿の姿を垣間見ることができるまでに

図43　焼失前の「大手門渡櫓」
大正12（1923）年の関東大震災で渡櫓が焼失し、現在は桝形とその石垣のみが残る〔『濱離宮（写真帳）』、宮内庁宮内公文書館所蔵〕

なってきた。しかし、震災や戦災で焼失してしまい、いまだに復元がなされていない大手門渡櫓《わたりやぐら》（図43）、汐見の御茶屋（図28：136頁参照）、延遼館（図44）がある。

「大手門」と「桝形」については、江戸城の出城としての意味があり、将軍家の別邸としての歴史的な意味合いからも重要な施設であり、浜離宮の顔ともいえる部分である。今は石垣だけが残された状態であるが、焼失前の「大手門渡櫓」の復元が待たれる。

海沿いに建てられた「汐見の御茶屋（海手茶屋）」は、海のない京都から来た公家たちに漁の様子や江戸湾を航行する帆船を眺めながらおもてなしの宴を催していた江戸大名庭園の特徴的な利用をし

図 44　焼失前の「延遼館」
調査では、南北に 35.5m、東西に 50.1m の規模で基礎遺構が確認されている。瓦や耐火煉瓦などの遺物も多く出土した〔『濱離宮（写真帳）』、宮内庁宮内公文書館所蔵〕

ていた御茶屋であった。

「延遼館」は、近代日本における最初の迎賓館として、明治二（一八六九）年に明治新政府によって浜御殿奉行役人の溜所・長屋・畑等があった場所に建てられた石造りの建物である。江戸大名庭園として一一代将軍家斉の時代を基本として復元を進める浜離宮には時代的には馴染まないかもしれないが、大名庭園の変遷を知るうえでは貴重な建物である。

平成二七（二〇一五）、二八年にかけて大規模な調査が行なわれており、復元の準備はほぼ整っている状態ではある。

4　歴代将軍と大名庭園

徳川家康が幕府を樹立して、徳川慶喜が大政奉還を明治天皇に上奏するまで、江戸時代は約二六三年間、将軍は一五人続く。大名屋敷御成りは二代将軍徳川秀忠が始めたが、歴代将軍と大名庭園との関係は一律ではない。

東京都公園協会の大名庭園紹介パンフレットの簡単な表で見ると、将軍の名があるのは、小石川後楽園が二代秀忠から頼房へ、旧芝離宮恩賜庭園が四代家綱から大久保忠朝へ、六義園が五代綱吉から柳沢吉保へ、それぞれ園地が渡されたことが、浜離宮恩賜庭園については徳川家康の命による天下普請で整備された鷹狩場に始まり、六代家宣から幕末まで将軍家の別邸であったことが書かれている。

大名屋敷御成りは、徳川の力を示す意味があったが、元和元年（一六一五）に豊臣氏が滅亡し、三代家光のころからは趣味やつきあいのための外出という性格に変わっていく。家光の場合は約三〇〇回、綱吉は約一五〇回、また一一代家斉の浜御殿への御成りは歴代将軍最多の二四八回を数えた。

令和四（二〇二二）年一〇月、浜離宮恩賜庭園で〈栗名月（十三夜）のお月見〉が催された。かつての〝お庭あそび〟をモチーフにしているという。こうした大名庭園を舞台にしたイベントが〈泰平の世〉の証しとして定着することを願うばかりだ。

徳川幕府歴代将軍の在位

代	名　前	将軍在位
初	家康《いえやす》	慶長《けいちょう》8（1603）年～慶長10（1605）年
2	秀忠《ひでただ》	慶長10（1605）年～元和《げんな》9（1623）年
3	家光《いえみつ》	元和9（1623）年～慶安《けいあん》4（1651）年
4	家綱《いえつな》	慶安4（1651）年～延宝《えんぽう》8（1680）年
5	綱吉《つなよし》	延宝8（1680）年～宝永《ほうえい》6（1709）年
6	家宣《いえのぶ》	宝永6（1709）年～正徳《しょうとく》2（1712）年
7	家継《いえつぐ》	正徳3（1713）年～享保《きょうほう》元（1716）年
8	吉宗《よしむね》	享保元（1716）年～延享《えんきょう》2（1745）年
9	家重《いえしげ》	延享2（1745）年～宝暦《ほうれき》10（1760）年
10	家治《いえはる》	宝暦10（1760）年～天明《てんめい》6（1786）年
11	家斉《いえなり》	天明7（1787）年～天保《てんぽう》8（1837）年
12	家慶《いえよし》	天保8（1837）年～嘉永《かえい》6（1853）年
13	家定《いえさだ》	嘉永6（1853）年～安政《あんせい》5（1858）年
14	家茂《いえもち》	安政5（1858）年～慶応《けいおう》2（1866）年
15	慶喜《よしのぶ》	慶応2（1866）年～慶応3（1867）年

第Ⅳ章

大名庭園の景色の再生

一節　植栽景観を再現する

1　大名庭園で重要となる植栽

並行して進めるべき施設と植栽という復元要素

池の周囲を回遊しながら移り行く景色の変化を楽しむ形式の大名庭園にとって、池周辺の護岸や岸辺にたたずむ御茶屋は、庭園の景観を左右する重要な要素であることは確かであるが、庭園の景色とは、どのような樹木がどのように植えられていたかといった植栽景観が大きな要素を占めている。

御茶屋などの施設は、庭園の景色の中心であるが、それらは景色の中の点であり、点としての御茶屋などの施設を取り囲む植栽景観を整えることによってはじめて、美しい大名庭園の景観となる。

大名庭園の修復・復元を行う事業は、「保存管理計画」に基づき、施設の復元が計画的に進められてきているが、大名庭園の復元のためには、植栽景観についての検討も並行して進めていかなければならない。

往時の景観を推定して景観を創出

植物は数日、数か月の管理放棄により以前の姿が想像できないまでに植栽景観は変わり果ててしまう。その変化を留めて作庭意図に沿った景観を維持していくために、庭園管理が行なわれている。樹木の日常の維持管理は美しい庭園景観を維持していくうえで、重要で大切な作業なのである。

しかし逆に、庭園の景観は、日常の維持管理によっても大きく変えることができるし、大名庭園の本来の景観を取り戻していくこともできるということなのである。樹木景観に関する残された史資料が少ないなかで、作庭意図に沿った景観を資料で探りながら、往時の景観を推定し、創り上げていくには困難も多いが、今の時代の感性に沿った景観の創出も可能な部分でもある。

大名庭園の本質的な価値を念頭に置き、日常管理のなかで作庭意図を専門委員会の学識経験者とともに検討しながら、本当の大名庭園の景観に近づけていく。樹木管理による景観の再現の事例のいくつかを紹介したい。

2　庭園芸術としての価値

特定が困難な植物の種類・大きさ

大名庭園は、日本や中国の名勝地や史跡、蓬莱山などの思想上の景色を限られた空間の中に写し取って、一つの景色を創り出している具象的な庭である。具象的であるがために芸術性が低いとの意見もあるが、限られた空間の中で写し取るべき名勝地などの何をデフォルメして何を省略するかといった創作を通して、一つの美しい景色としてまとめ上げるという作庭者の創造力、庭園技術を必要とする庭園芸術であるといえるだろう。

江戸の大名庭園の景色を再現するにあたり、重要な要素である植物については、どんな木が植えられていたのか、どの程度の大きさだったのか、どれだけ植えられていたのかといったことは史資料での記載が乏しく、松や花木等が植えられていたことが絵図面で認識できる程度で、樹種を特定することは非常に困難なのである。

また、植えたときには一m程度の貧弱な樹木であったものが、数十年後には大木になってしまうし、管理が不十分な庭園では藪《やぶ》状態になり本来の樹木がわからなくなってしまう。その樹木が主景木か背景木かによって異なってくるが、多くは、作庭時の樹木の大きさがその庭に対して最適な大きさであり、植えられたときの樹木の姿で庭の景色を成り立たせている。

さらに、江戸の大名庭園は震災や戦災により樹木も焼失するなど大きな被害を受けており、庭園本来の樹木が何であったか等の判別は困難な状態にある。

戦後復興下の緑化政策の影響

加えて、戦後、東京都においては戦後復興に合わせて都市のみどりを確保するために多くの樹木が公園に植えられ、庭園内にも多くの樹木が緑化政策として植栽された。そのため、作庭意図にそぐわない場所に樹木が繁茂する状態になってしまい、庭園としての本来の景観となっていない場所も見受けられるようになってしまった。

大名庭園の景観を再現するためには、本来どのような景観を意図していたのか、薄暗い山辺の道なのか、明るく広がる大泉水を見渡す広場なのか、そのためにはどんな種類のどのような大きさの樹木を、どこにどれだけ植えなければならないかを、少ない資料の中から推測し再現していかなければならない。

そのためには、残された史資料をもとに、作庭記や築山庭造伝などの資料を参考として樹木を推定し、どのような植栽景観となっていたのかを決定しなければならない。植栽により景観が大きく変化してしまう可能性のある樹木の新規植栽については慎重に行なう。いうまでもないことである。

現在、樹木の取り扱いは、現状の樹木が意図する景色に相応しい樹木なのか、大きくなりすぎていないか、密生していないかといった観点から判断して、適正と思われる大きさや姿に戻していくという作業であり、明らかに庭園の景観構成上不必要と思われる樹木があれば、伐採して景観を修正していくという作業を行なっている。

二節　どうやって植生を再現するのか

1　基本的な庭園技法

景観再生作業を支える基本的な庭園技法は四つある。大名庭園はこれらの技術を駆使して、限られた空間の中に雄大な名勝・旧跡等を写し込んでいる。現在行なわれている剪定等の作業も、これらの技術を活かすための作業であるともいえる。

縮景

縮景とは、名勝地等を限られた面積の庭園内に取り込むために、その雄大な風景を縮小して庭園内で表現する手法。単純にすべての景色を同じ尺度で縮小するのではなく、作庭家の思い描く構成のなかで、相対的に大きく表現するもの、縮小するもの、省略するものが選定され、その組み合わせで一つの景を形成する。

縮景の事例としては、小石川後楽園において、大堰川、通天橋など京都の紅葉の名所の景が縮景され一つの景を創り出している場所がある。

借景

簡単にいえば「庭園の外部に広がる山や森林の風景を庭園の背景に取り込み庭園と一体となった雄大な景を形成する手法」である。借景は、庭園内の秩序を壊さないままで、外部の風景を内部の庭園の景と一体的に見せることによって、限られた空間としての庭園を、奥行きのある、自然と一体となった空間に生まれ変わらせる。

六義園の大泉水が一望できる高台（「藤代峠」の見立て）から南を眺めると、六義園の外周樹林越しに富士を望むことができた。それはあたかも富士の長く広がる裾野と六義園のみどりとが一体であるかのように眺めることができたといわれている。

現在は周囲に高層ビルも建築され、当時眺めた庭園からの借景は望むべくもなくすべて失ってしまった。しかし、浜離宮恩賜庭園のように汐留の再開発によって生まれた高層ビルを背景とした大泉水に浮かぶ中島の御茶屋は、江戸時代と現代の世界の融合した姿として人気を呼ぶ景色となっている。

見立て

見立てとは、象徴化ともいわれるもので、庭園を作庭する際に池を大海や琵琶湖と見なして自然石で荒磯の岸を組み上げたり、大海に浮かぶ島を表現したりする手法である。特に枯山水庭園では、石と砂だけで限られた空間の中に大海や河川、島などの大自然の風景を表現している。

和歌をモチーフに景色がデザインされている六義園では大泉水の岸辺を和歌の浦の出汐《でしお》湊《のみなと》

と見立て、一番高い築山を和歌山にある眺めの良い藤代峠に見立てている。

樹芸　樹芸とは、樹木に関する雑多な内容が含まれており、樹木を使った景観の構成、樹木の育成管理等に関する技術である。いかに美しい見応えのある庭園を造るかが最初の課題であるが、次に来るのは、いかにしてその庭の美しさを維持し管理していくかになる。先人たちは、一本一本の木ごとの特性を知り、その木に応じた管理をしてきた。

しかも、春先から夏にかけての枝の延びる時期の剪定、冬の時期には樹木に応じた雪吊《づ》り、施肥《せひ》等一連の作業により、作庭意図に応じて樹形を整え、大きさを保ち、美しさを維持していくのである。

三節　樹木管理により景色を蘇らせる

1　樹木管理の実際

大名庭園の景観を蘇らせるには、橋や護岸、御茶屋など、当時の姿に施設を復元することは重要であるが、それら施設を取り囲む景観を創り出す植物管理が伴って初めて目指すべき大名庭園の景観が蘇ってくるのである。

しかし、樹木は生き物であり年々成長していく。その場の作庭意図に沿った景色となるように、毎年定期的に剪定技術を駆使して徐々に目指すべき景観に造り上げていくことにより、大名庭園の景観の再生は成し遂げられる。

大名庭園の景観再生に向けて、どのような樹木管理がどうやって行なわれてきたのかについて記そう。

史資料や絵図面に基づいた景観の再生

江戸時代、大名庭園を訪れた際の記録が、記述や絵図として残されている場合が多い。例えば、東京農業大学の服部勉氏の浜離宮庭園（浜御殿）における鴨場に関する調査によると、鴨場の景観についてのさまざまな記述が残されていることがわかる。

文政九（一八二六）年の『千世の浜松』には「庚申堂をぬかづきつゝ、こゝかしこ逍遥すれば、こゝなむ虫の数多有ける所となむ……」、天保五（一八三四）年の『浜の松風』には「庚申堂にいたる、此処道すから田舎ひたる野中のさま、沢田の稲の露ふかく、八千穂のみのりいろ見へて……」などである。まだいくつか記述が残されているが、これにより庚申堂の鴨場は、周辺部の田や畑とともに田園的景観を構成していたことがわかる。

史資料に基づいて状況を推測し、庚申堂鴨場周辺の景観づくりを進めていくわけだが、庚申堂周辺はすでに田や畑はなくなってしまっているので、田園的景観を再現することはできない。ただし、虫の鳴く自然の草地的景観として維持管理していくことができる。

また、天保五年の『浜の御苑之記』には、徳川将軍の浜御殿へ御成りの様子や、大泉水を中心とした御茶屋の様子、大泉水で釣りを楽しむ様子などが活き活きと描かれている。その中には「観音堂」の姿などが描かれている。

観音堂については、一番古いと思われる絵図『濱御殿地繪圖』にも、中島の御茶屋、「海手茶屋」などとともに記載されており、浜御殿に古くからある建物であると考えられる。しかし、観音堂は現在、樹木で覆われた築山に階段だけが残る場所となっている。

そこで、『浜の御苑之記』に描かれた絵を参考にして、観音堂のあった様子を偲ぶことができる状態にしようと試みた(図1)。あくまでも維持管理レベルでの作業であり、復元事業とはいえないが、文化財庭園として何を見せるかといった視点で、日常管理の植栽管理のなかでも対応できるのである。

かつてあったことのイメージを形に

観音堂については、生い茂る樹木を伐採し平地を見せることによって、当時ここに観音堂があったということを少しでも想像できる状態にした。わずかこれだけの作業ではあるが、手を入れることによって、なぜ階段が残されているのか、ここには何があったのか、といった創造力が刺激されるきっかけをつくる取り組みでもあった。

図１　浜御殿観音堂の樹木管理
（上）土岐頼旨『浜の御苑之記』より〔国立国会図書館所蔵〕
（下）築山の樹木の手入れを行ない、観音堂のあった場所を史実に基づいて明らかにした

ちなみに、この場所の樹木を伐採するにあたっては、学識者の意見を参考にしながら実施した。また、伐採整理作業は、維持管理職員と検討を進めながら行なった。文化財庭園の維持管理は、単にきれいに見せるということだけではなく、文化財として見せるべきものは何か、大名庭園の特徴は何かを職員全員が考えながら行なうことが重要である。そのためには、庭園を維持管理していく人材育成も大切な要素の一つであり、伐採整理作業は研修的要素を持った取り組みでもある。

2 樹木整理による作庭意図の再現

広がりのある大泉水を再生

江戸の大名庭園は、大泉水の広々とした水面を見せることが、史資料や絵図面等から見ても、庭園の作庭意図であると考えられる。そのため岸辺に植えられていた樹木を整理ないし撤去することにより、広がりのある大泉水の景観を取り戻すことができる。これらの作業についても、学識経験者等の意見に基づき、取り組み内容を検討し、文化庁との協議のもとに行なっているのである。

〈六義園〉

六義園の特徴は、中の島を有する大泉水とその前に広がる明るい芝生の庭である。二つの築山がある中の島を見せる効果や、『六義園絵巻』などの史資料から、大泉水の岸辺に樹木を植えることは考えられない。そこで大泉水の眺めを阻害する樹木を撤去した（図2）。

〈小石川後楽園〉

平成三一（二〇一九）年度に大泉水に浮かぶ蓬莱島の樹木伐採を行なった（図3）。当時、蓬莱島の樹木は鬱蒼と茂り、緑豊かな島として来園者の目には映っていたのであるが、計見東山の『後楽園　全』明治四〇（一九〇七）年によると、過去の蓬莱島の様子は松がまばらに生えた状態であったことがわかる。

もともと、蓬莱山とは、中国の神仙思想に基づく。そこには仙人が住んでおり、不老不死の薬を作っているといわれる島であり、不老不死を願い多くの大名庭園に造られていた。その島を描いた絵画の多くは岩山であり、そこに何本かの松が生えているといったものである。絵図は小石川後楽園の当初の姿ではないかもしれないが、江戸末期の後楽園の姿を映した絵図と考えられる。これを参考に樹木の伐採整理をし、景観の再生を実施した。

苦労を伴う伐採作業

蓬莱島のように、江戸大名庭園内には本来の景色とはいいがたい樹木が鬱蒼とした状態になっている個所がある。それらを過去の史資料を参考にしながら樹木管理をしていく。

実際の作業としては、島に生える松の伐採であり、足場が悪くしかも重機は使うことができないため、時間をかけ一本一本慎重に作業をしなければならなかった。特に庭園の主景観をなす場所であり、多くの来園者のいるなかでの作業は、緊張も増し苦労があった。

図２　六義園大泉水周辺の樹木管理
写真（上）の手前の樹木を伐採整理することで、大泉水の景色が見渡せるようになった〔公益財団法人東京都公園協会提供〕

図３　小石川後楽園蓬莱島の樹木管理
（上）嘉永年間（1848～1854年）のころ〔計見東山『後楽園　全』、小石川後楽園所蔵〕
（下）樹木を剪定、伐採整理したことで、徳大寺石や島の形が見えるようになるなど江戸時代の絵図に描かれた景色に近づいた〔公益財団法人東京都公園協会提供〕

しかし、樹木の伐採事業の進捗を妨げるのはその困難な作業だけでない。もっと大きな障害が、この事業の進捗を妨げているのである。それは伐採に反対する市民の声であった。

四節 〝江戸のみどり〟を東京、そして世界へ伝える

1 現代東京における江戸大名庭園のあり方

都市緑化の推進のもと巨木に成長

江戸の大名庭園の景観を再現していくうえで、現在精力的に取り組んでいる作業は、戦後に緑化施策として植えられた樹木の整理と、剪定されずに巨木化してしまった樹木の処理を進めることである。

東京都は戦後の焼け野原の状態からの復興を進め、昭和四〇年代には高度経済成長により発生した大気汚染や水質汚染などの都市環境の改善策の一つとして、みどりの保全と都市公園の整備が進められた。昭和五九（一九八四）年には「東京都緑の倍増計画」が策定され、都市緑化が図られた。

このような状況のなかで、庭園でも樹木の植栽が進められていった。そして、当時は、活き活きと育てるといった意味合いから剪定も行なわれることが少なかった。そのため、庭園に植

えられた多くの樹木は、すくすくと育ち巨木となっていった。それは、都市におけるみどり豊かな庭園にとっては良いことでもあったが、大名庭園の本来の景色を損なうことにもなった。すくすくと育った木々と作庭意図は、大名庭園では相容れない。けれども、一般の人たちには理解しにくかったかもしれない。東京という人工物の高密集化した環境のなかで生きている樹木は、大切に育てなければならない貴重な命なのである、といった意識が多くの都民に根づいていたからである。しかも、みどりを大切にするべき庭園で、樹木を伐採するとは暴挙である、そんな見方が大手を振っていた。

公園緑地の一つでもある庭園にとって、みどりを大切に考える都民の気持ちは非常に重要ではある。だが、文化財として継承していかなければならない大名庭園は、伐採も含めて維持管理が必要なのだ。なぜ管理が必要なのかを伝え、理解し協力してもらわなければ進まない作業なのであった。

知らせたい〝江戸のみどり〟と庭園技術

庭園の樹木管理については、平成一〇（一九九八）年ころから庭園内の来園者に見えない藪《やぶ》状態になった場所の樹木を剪定し整理をはじめた。その後、平成一六年の「保存管理計画」に基づき復元工事が開始され、大名庭園の樹木についても検討が進められ、どこからか種が飛んできて育った実生木や、景観から突出して大きくなった樹木については伐採や剪定などが行なわれていく。現在はあるべき姿に近づきつつあるが、やはり当初は樹木を切ることには大きな反響があった。

「なぜ庭園で木を切るんだ」、「今の姿で良いではないか」、「なぜ昔の姿に戻さなければならないのだ」、「木を切るのは可哀想だ」といった意見が噴出した。それらの意見に対して、文化財として貴重な庭園を本来の姿に戻して次世代に引き継いでいくうえで重要であること／江戸の文化である庭園の本来の姿を見てもらうことも管理者として必要であること／支障になる樹木は伐採するが、その他庭園の樹木は大切にして育成していくことに変わりはないこと、などと説明し、理解を求めてこれらの作業を進めてきたのである。

最近は文化財としての価値の認識も高まり、江戸大名庭園の本来の姿に近づけるための作業であると理解してもらえるようになってきてはいる。しかし、木を伐採するのは可哀想だと反対する声は少ないながらもまだまだある。そこで、園内で伐採等の作業を行なう際には、樹木を伐採する説明看板を掲示し、来園者の理解を得る工夫をしている。

庭園管理者は庭園や樹木を愛する人たちの声に耳を傾けながら、目的や内容を明らかにしながら事業を進めていく。それは、来園者に〝江戸のみどり〟と庭園技法を知ってもらうことにつながるだろう。

2　大名庭園の作庭と樹木の果たす役割

樹木管理による景観の復元は、史資料や絵図等に基づき現状を修復していくだけではなく、現状の樹木や地形等の全体を見渡しながら、日常の維持管理作業を通して作庭意図に近づけていくことのほうが実際は多くなっている。

小石川後楽園の景観の作り方は、中山道の木曾谷を模した木曾路、京都の大堰川、渡月橋、通天橋といった紅葉の名所、水田や菖蒲田《しょうぶた》のある田園風景など、ストーリー性のある作庭意図が明確な景観構成となっている。そこで、その特徴を生かしてより作庭意図に近づけるための維持管理を行なっている。

田んぼのある景色と「一つ松」の再生

農民の暮らしを姫に伝えるために造られたといわれる田園風景を模した場所は、小石川後楽園のなかでもほっと落ち着けるのどかな雰囲気がある。その特徴は、遠近感を利用したなだらかに続く野筋《のすじ》と、その先に広がる田んぼが、田舎の田園風景を醸し出していることだ（図4）。

野筋とは日本庭園の作庭の一つで低い築山などを指すが、小石川後楽園では、遠くに広がる丘陵地を思わせるゆるやかに連なる野筋に焦点を当て、稜線上の樹木を整理した。この作業によって、のびやかに広がる野筋の景をより強調して表現することができた。魅力的な田園風景を現代の東京の街に創り上げたのである。

小石川後楽園の「一つ松」は、琵琶湖を模した大泉水の岸辺に植えられた大きな一本の松、万葉集にもその名が登場する琵琶湖畔の景勝地「唐崎の一つ松」を写したものである。琵琶湖の湖畔にあるため、大泉水の池畔に植えられている。

しかし、すくすく育った松は、大きく横に枝を伸ばし、高さも八m近くに達し、池の景観を阻害しかねない存在になってしまっていた。そこで、学識経験者などと協議を進め、熟練技能者の丁寧な技術を持って、数年かけて大泉水の景色が透けて見えるような姿に仕立て上げ、景観に溶け込んだ「一つ松」となった（図5）。

伝統的な松の仕立て方（管理技術）によって徐々に整えていくことで、大名庭園に相応しい雄大な松の姿を、琵琶湖を模した大泉水の池畔に見せることができるのである。このように、姿を再生することは、そのものの価値を再生することでもあるといえよう。

大名庭園の本質、本当の姿

庭園の樹木は景観形成の重要な要素ではあるが、限られた空間に作庭意図にあった名勝等の景色を写し取るためには、樹木の剪定管理はどうしても必要である。

石の存在を際立たせ、築山のラインを強調し、遠近法によって池の広がりを見せるために、樹木を小さくまとめ縮景を完成させる剪定技術は、江戸時代から庭芸として伝えられている。見る側は、そこに見せる側がいて見せる技術があることを意識しないで庭園を楽しめる。

繰り返しになるが、伐採や剪定は、庭園としての景色を復元し、維持していくために行なう行為である。伐採や剪定そのものが目的ではないのだ。

また、小石川後楽園の「一つ松」の例を出すまでもなく、周囲の環境の変化や時代の流れを

図４　小石川後楽園の田園風景
野筋の先に広がる田んぼは、田舎ののどかな田園風景を思わせる〔公益財団法人東京都公園協会提供〕

図５　小石川後楽園「一つ松」の樹木管理
松の手入れは、春（５月ころ）にはみどり摘み、秋（10月ころ）には古い葉のむしり取り（もみあげ）など、庭園の景色にふさわしい姿を維持するために６人の作業員（東京都公園協会職員）の手により慎重かつ丁寧に毎年行なわれている〔公益財団法人東京都公園協会提供〕

無視することを意味しない。光圀が大切にしていたと伝えられている松だが、何度か植え替えられているという。

大名庭園の本質を示すこと、本当の姿を提示していくことは、日本文化を継承していくといった意味合いからも重要である。その意味を市民、ないし庭園に興味を持つ人たちに伝えていくことは、文化財としての大名庭園を次世代に引き継いでいくうえで欠かせない仕事なのである。

3 海外の日本庭園

明治六（一八七三）年のウィーン万国博覧会への出展から始まる海外における日本庭園は、現在すでに約一〇〇か国、総計五〇〇ほどの数に上っている。それらの多くは日本との交流のあかしとして、日本文化の象徴として整備されてきたといえよう。しかし、適切な管理がなされず、あるいは日本庭園の管理方法がわからずに放置され、日本庭園とは呼べないような状態になっている場所も少なくない。

老朽化や経年変化による竹垣の崩壊や石積みの崩れ等によって日本庭園としての景観を維持できなくなっている場合も多いが、それ以上に現地の庭園管理者が樹木の剪定技術を有していないことが大きな課題となっている。海外では樹木を日本のように剪定する管理技術はない。

フランスのヴェルサイユ宮殿には広大な庭園があり、美しい景観を創り出している（図6）。

図6　ヴェルサイユ宮殿中庭（遠景）とトピアリー
複雑な姿をした樹木も、すべて規定の定規に合わせて刈り込まれ形を整えられている

特徴的なのは、イギリスをはじめ西洋庭園でよく見られる「トピアリー」と呼ばれる人工的に刈り込まれた樹木だ。この動物に似せたり幾何学的な形にする樹木管理は、自然樹形をいかに残しつつ形を整えていくかといった日本の剪定方法とは全く異なる思想に基づいた剪定方法なのである。

国土交通省では平成三一（二〇一九）年度より「海外日本庭園再生プロジェクト」を立上げ、適切な維持管理が行なわれていない日本庭園に対して、造園技術者を派遣し、修復の支援を実施している。そして、現地の公園管理者が適切に保全できるように、修復時の講習や維持管理マニュアルの整備を行なっている。

日本庭園として維持管理していくためには、剪定という独特の庭園技術により、樹木をその庭園の大きさに応じた、そしてその庭園の作庭意図に応じた姿に仕立てつづけていくことが必要とされている。

庭園を活かすも殺すも管理次第といわれる。大名庭園の景観を復原していくためには、御茶屋や橋といった施設の復元だけではなく、剪定等の伝統的庭園技術を持った職人による日常の植物管理を着実に行なえる管理体制があって初めて実現していくものなのである。

5 各地の大名庭園

江戸に生まれた大名庭園だったが、これに学ぶ庭園が全国に広がっていった。なにかと三大をつける風潮から〝日本三名園〟に選ばれたのは、水戸徳川家の「水戸偕楽《かいらく》園《えん》」（水戸市）、加賀藩前田家の「兼六園」（金沢市）、岡山藩池田家の「岡山後楽園」（岡山市）の三つである。

水戸偕楽園は、水戸藩九代藩主徳川斉昭《なりあき》が、二代藩主光圀創設の庭をもとに、自ら造園構想を練り、天保一三（一八四二）年に完成させた。園内にある斉昭自筆の碑には、「余暇に休養する場、また衆と偕《とも》に楽しむ場としてこの園を造る」とある。

兼六園は、前田家が二〇〇年の歳月をかけて造り上げた庭園。兼六園の名前は、文政五（一八二二）年に時の老中松平定信が、中国宋時代の名庭園紹介文からつけたといわれる。すなわち、「宏大、幽邃《ゆうすい》、人力《じんりょく》、蒼古《そうこ》、水泉、眺望」の六つを表した景色を兼ね備えた庭なのだという。

岡山後楽園は、貞享四（一六八七）年に着工、元禄一三（一七〇〇）年に完成した。川から引いた水が園内各所を巡り、池や滝になって、優れた水の景色を作り上げている。流店《りゅうてん》と呼ばれる建物内部に水路を通した趣向もあった。

北からいくつか紹介してみると、戊辰戦争のときに診療所になったという「御薬園《おくやくえん》」（会津若松市）、織田信長の次男・織田信雄が築庭したという「楽山園」（群馬県甘楽町）、琵琶湖を巡る構成文化財として日本遺産に認定された「玄宮楽々園《げんきゅうらくらくえん》」（彦根市）、大泉水に架かる西湖提が特徴の「縮景園」（広島市）、さまざまな大きな池で名高い「栗林公園《りつりんこうえん》」（高松市）、富士山を見立てた築山が特徴の「水前寺成趣園《すいぜんじじょうじゅえん》」（熊本市）と、個性豊かな大名庭園がある。

第Ⅴ章

大名庭園の魅力を伝える取り組み

一節　知ってもらい活用してもらうには

1　庭園は生きた文化財

平成二七（二〇一五）年三月、文化庁は、文化財を観光や街づくりの中心に据えて展開する各地の動きを受けて、「史跡等・重要文化的景観マネジメント支援事業報告書」を作成した。これは、文化財庭園の「保存管理計画」を「保存活用計画」とし、「保存」とともに「活用」にも重点化を図る方針を明確に示したものであった。

東京都は、こうした動向を踏まえ、平成二九年に従来の「保存」に加え、「活用」を重要な柱として、従来の保存管理計画を見直し「東京都における文化財庭園の保存活用計画」を策定していくこととしたのである。

江戸の大名庭園（文化財庭園）においても、確実な保存を前提としたうえで適切な活用が求められている。文化財庭園の活用とは良好な状態での公開により、過剰とならない範囲でより多くの人々に鑑賞等の機会を提供することが重要となる。

座敷に座って庭を鑑賞する京都や奈良の座観式の庭園とは異なり、大名庭園は庭に下り立ち、池の周囲を回遊しながら景色の移ろいを楽しむ回遊式庭園である。回遊の順路、景色の見せ方、見方をどのように来園者に伝えるか。将軍や賓客をもてなすために、さまざまな工夫を凝らした大名庭園。その魅力や楽しみ方を、今の来園者にどう伝えていけるか。

また、今の時代にあった大名庭園の楽しみ方はどのようなことか。具体的な活用方法を提供していくことも必要である。江戸の大名庭園が当時どのような使われ方をしていたのか、当時の人々がどのようなことに関心を持ち、庭園を楽しんでいたのかを調査し、現代の利用者も追体験できるような活用の仕方はないかを探っていく。現代の楽しみ方を提供し、かつ江戸の大名庭園の楽しみ方を理解してもらうことが重要な課題なのである。

庭園は生きた文化財である。今の時代の人々に受け入れられ、江戸の大名庭園を次世代に引き継いでいくためにも、大名庭園の持つ価値や魅力を多くの人々に伝えていかなければならない。

2　東京都公園協会が取り組みを推進

意外な来園者アンケート結果

平成九（一九九七）年、大名庭園を含めた都立庭園の管理が東京都から東京都公園協会に委託された。これにあたり求められたのは、庭園利用の活性化と来園者数の増加であった。

同年、東京都公園協会では、都立庭園を活性化させるための取り組みと庭園の管理運営・維持管理手法を検討するため、学識経験者らによる「都立庭園の管理に関する専門委員会」（以下、協会専門委員会）を立ち上げ検討を開始することになった。

平成一〇年には、都立庭園の来園者を対象に、平日と休日の二日間、利用実態調査を行なった。その結果、来園者に関しては、平日は特に無料来園者（六五歳以上）や女性（二人、三〜五人グループ）が、休日には家族連れやカップルが多い傾向があることがわかった。ちなみに、現在は六五歳以上の入園料は一般の概ね半額となっている。

予想外の結果となったのは、滞在時間が二時間以内の人が大多数を占めていたということである。しかも、規模の大きな浜離宮恩賜庭園（以下、浜離宮または浜離宮庭園）をとってみても、三分の一程度の来園者が一時間以内の滞在であった。浜離宮は面積が約二五haあり（東京ドーム五・三個分）、単に順路に沿って歩くだけでも一時間近くかかってしまう。庭園をゆっくり回るというよりも、サッと散歩するというのが実態だろうと思われた。

また、来園者の多くは、都立庭園九つ全部が金閣寺や西芳寺（苔寺）の庭園と同じように文化財庭園であることを知らないことがわかった。小石川後楽園など四つの庭園は江戸時代から続く大名庭園であることも、ほとんど知られてはいなかったのである。

庭園の活用の開始

調査結果に基づき協会専門委員会では議論を進め、庭園の情報はパンフレットや立て看板に依拠するのではなく、新たな手法を導入すべきとした。庭園の視点場（ビューポイント）はどこなのか、庭園をどう鑑賞したらいいかなど一歩踏み込んだ形で江戸の文化財庭園の魅力や存在意義を伝えることが大切であり、市民に向けた広報活動が必要である。そして何よりも、多くの人たちに庭園に来てもらうことが肝要であると指摘した。

そして、平成一一（一九九九）年、協会専門委員会から文化財庭園の管理方針となる「都立庭園の管理運営の方策について」の答申（以下、公園協会答申）が出された。これに基づき庭園の活用が開始されていく。

「景（空間）の復元」と「利用の復元」

公園協会答申では、「景（空間）の復元」と「利用の復元」の二つの視点から多角的に検討してとりまとめ、提言という形で方針を示した。

「景の復元」の考え方は日常の維持管理においても生かされ、作庭意図の検証や基本資料の収集などを踏まえたうえで、樹木管理や施設・石組の修繕を実施するよう心掛けていくこととなった。また、「利用の復元」では、保存だけに留まるのではなく、文化財の活用にまで踏み込んだ利用に言及しており、さまざまなイベントが実施される契機となった。

答申の最後には「文化財庭園は適切に保存されるとともに広く活用されることにより社会の支持を受けつつ次の時代へ継承されていく」と提案されている。

答申を受けてまず、実生木の撤去や土砂に埋もれた石組の据え直しに取り組み、庭園本来の「景の復元」が開始されることになった。

二節　利用の復元に向けて新たな事業を始めて

1　「利用の復元」二つの試み

庭園の魅力の向上に向けた「利用の復元」の一つがライトアップ事業であった。庭園鑑賞は昼間が常識であったところを夜間に行ない、ライトアップされて浮き上がる庭園の幻想的な世界を味わってもらおうと企画されたのである。ライトアップ事業は、平成一二（二〇〇〇）年に旧芝離宮恩賜庭園（以下、旧芝離宮）において初めて実施されたのち、他の都立庭園へと拡大していくこととなった。

また、「利用の復元」として、「都立庭園ガイドボランティア」活動が、平成一一年から開始されている。これは、市民のボランティアが庭園成立の経緯や鑑賞のポイントなどを来園者にわかりやすくガイドするというもので、市民との協働による庭園管理の一つとして位置づけられたものである。

2　ライトアップ事業をスタート

勤め人をターゲットにした夜間利用開始の苦労

東京都公園協会は、平成一〇年の調査から来園者の中に占める高齢者の割合が高いこともわかっていたため、普段庭園に親しむ機会が少ない「勤め人の男女」をターゲットとすることにした。そこで、昼間働く人が参加しやすいように、夜に開催するイベントとして「庭園のライトアップ」の実施を計画したのである。

当時、平成三（一九九一）年の試験点灯から始まった表参道のイルミネーションが話題になっていた。庭園のライトアップも人気が出るのではないかとの淡い期待があった。表参道のそれはあまりの人出で地域から反対運動が起こり、平成一〇年には中止になっている。

しかし、文化財庭園は昼間鑑賞するものであり、夜間のライトアップなど庭園本来の利用ではない、品位を落とすものだといった意見が出された。また、池の周囲を回遊する大名庭園は、園路が狭く照明施設もないため夜間利用は安全確保が難しいなど、実施に向けて否定的な意見が多数出された。

一番の問題は、開園時間が九時から一七時までと決められている都立庭園を夜間に開くことだった。大名庭園は都立庭園であり、有料施設として入園料や開園時間は「都立公園条例施行規則」で決められている。夜間開園するためには施行規則を変更しなければならない。

公の施設になったからこそ、開発対象とならず今にその姿を伝えているといえる。だが、開園時間や利用方法が規則で決められているため、新たな使い方をしようとするならば、規則を変える手続きを執らなければならない。民間施設にはない苦労が伴うのである。

反対意見を経てライトアップを試行

なぜ夜間に開園をするのか、夜間では庭園の景色が見えないのではないか、ライトアップをすれば本来目的にない夜間利用が認められるのか、安全対策は問題ないのか等々、管理者である東京都との調整には大変な時間を要した。

加えて、文化財施設であるため、文化財保護法に基づき三〇cm以上の掘削は禁止であり、工作を行なう場合には現状変更の申請が必要となる。また、行為制限とともに、イベントなど行なうにあたって、文化庁への申請も必要なのだ。

公の施設として、また文化財として厳重に守られているというメリットはあるが、そこを活用するとなると、その堅い守りが逆に足かせになるのであった。

数か月後、さまざまな議論を経て、東京都の了解を得ることができた。そして文化庁からの許可を得て、平成一二(二〇〇〇)年四月二九日から五月七日の九日間、まず試行という形で、近隣にオフィスの多い浜松町駅が最寄りの旧芝離宮において夜間利用を行なうことが決まった。

苦労を重ねてやっとたどり着いた試行ではあったが、初めての庭園ライトアップであり、昼間でも来園者が少ないのに、夜間に来園者があるのかどうか本当に心配であった。しかし、庭園ライトアップという物珍しさもあってか、また、ビール等の飲酒サービスもあったためか、九日間で八六三六人と予想以上の来園者があったのである。事業の成功を受け、ホッとした気持ちと、次につなげていけるぞという思いを持った。

しだれ桜のライトアップ

旧芝離宮でのライトアップを皮切りに、他の文化財庭園でもライトアップが開始されることになった。六義園では、平成一三（二〇〇一）年三月に六義園築庭三〇〇年に合わせたイベントとして、「しだれ桜と大名庭園のライトアップ」と銘打って実施することとなった。

六義園のしだれ桜は高さ一五m、枝幅の広がりは二〇mと横に大きく広がる都内屈指のしだれ桜であり、花見の名所ともなっていた場所でもあった。そのしだれ桜をライトアップしたのである。

六義園のしだれ桜のライトアップへの来園者は三月二三日から二九日までの七日間で約六万八〇〇〇人という驚異的な記録となった。これは予想もしていなかった数字であり、来園者は正門と染井門の二か所ある門の外に数百メートルの列をなして並び、園内は人であふれかえった。

多くの来園者が、ライトアップされたしだれ桜に「こんな桜は初めて見た」、「東京にもこんな立派なしだれ桜があったとは知らなかった」、「ほんとに素晴らしい、見事な桜だ」と驚きの声を上げていた。

当日は、予想外の来園者の数に、窓口での料金徴収や園内誘導に混乱をきたす場面も生じた。それほど、想定外の来園者数であった。今でも夜桜やライトアップの人気スポットとして、一日数万人もの来園者がある六義園の「しだれ桜のライトアップ」はこのときから始まったのである。

六義園では秋の紅葉も庭園の一つの売りとなっていたところから、平成一三（二〇〇一）年の秋に「紅葉と大名庭園のライトアップ」を開始したところ、一一月二二日から一二月二日の一一日間で約六万九〇〇〇人の来園者を迎えることとなった。

六義園では、春の桜と秋の紅葉のライトアップが二大イベントとして定着し、毎年多くのリピーターが押し寄せるライトアップの名所となってきている。

ライトアップ事業成果の差異

平成一二（二〇〇〇）年度から始められたライトアップ事業であるが、その結果は大きな差となって表れた。旧芝離宮では試行時の勢いは取り戻すことができず、来園者が減少してきたため翌々年の平成一四年を最後にライトアップ事業は打ち切りとなった。

一方、六義園では、都内屈指の夜桜・ライトアップの名所としてテレビ、雑誌などマスコミに毎年紹介されるほどのイベントに育っていった。

同じ大名庭園でありながら大きな差が出てしまった。その一番の理由は、旧芝離宮と六義園のライトアップのやり方かもしれない。

旧芝離宮では入園して目の前が明治時代に建てられた迎賓館の跡地広場となっており、そこから園内を一望できる構造になっている。そこで、広場を中心にキッチンカーを配置して、ライトアップされた大泉水や周辺の樹木を眺めながらビール等の飲食を楽しめる、勤め人の癒しの場を提供するというコンセプトであった。

一方、六義園は、「夜桜鑑賞」をコンセプトに、すでに桜の名所となっていた「しだれ桜」を中心にライトアップした。正門を入り、内庭大門を通ると、しだれ桜が浮かび上がる。そして、その先には大泉水に浮かぶ中の島がライトアップされているという、園内を巡りながら美しい景色を楽しむ。夜間のライトアップの効果と回遊式庭園を結ぶ工夫をした。

ライトアップ事業を行なった平成一二年、一三年、一四年の来園者数を比べてみると、旧芝離宮は六義園の一割程度でしかなかった（図1）。

この大きな差について、六義園にはしだれ桜という特徴があるからではないか／庭園の持つ特徴や規模、地域性によってライトアップ事業が適している庭園、適していない庭園があるのではないか／旧芝離宮は飲食が中心となり庭を見せる趣向が少なかったからではないか、などさまざまな意見が出された。

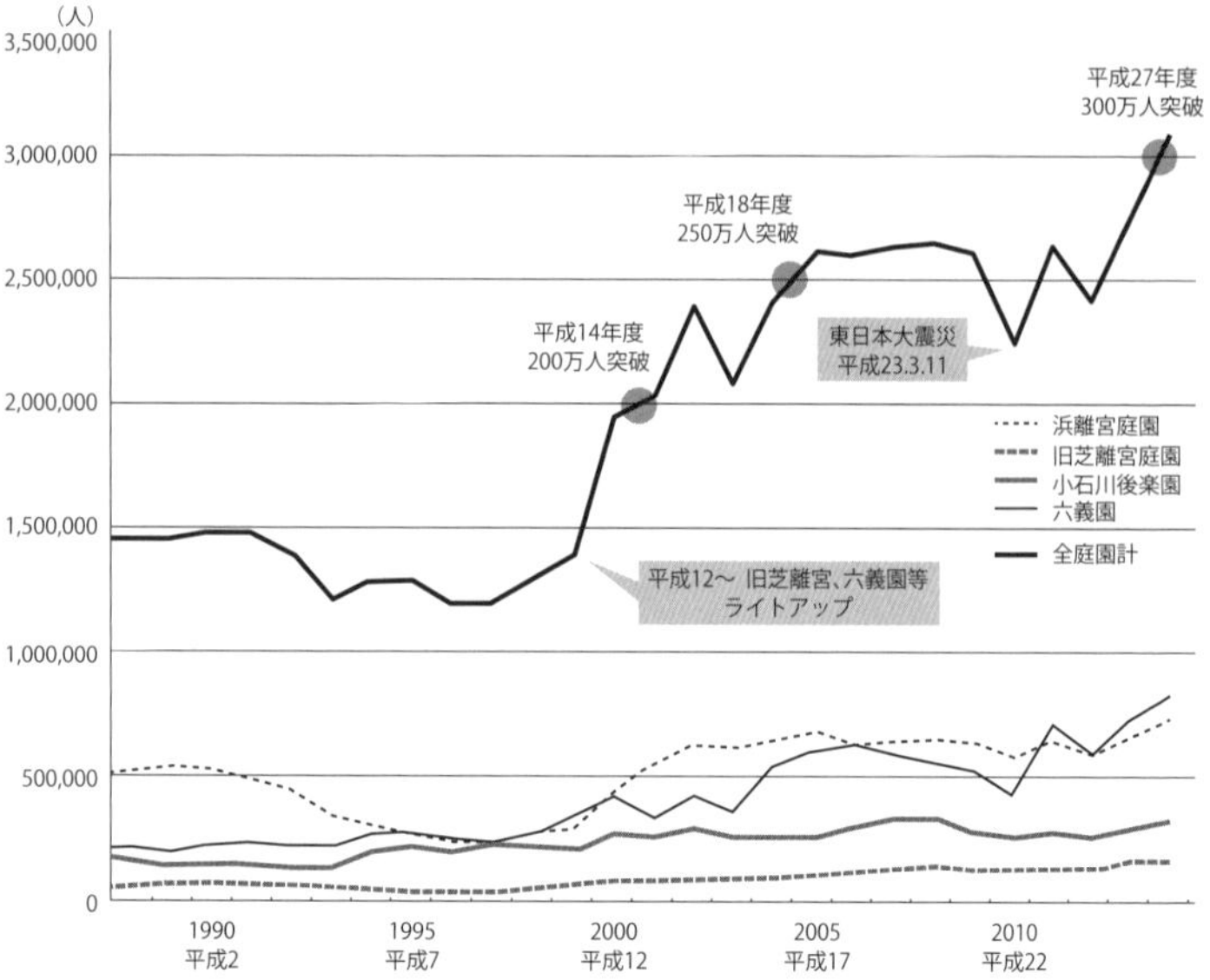

図１　都立庭園の来園者数の推移②――1989（平成元）年から 2015（平成 27）年まで――

平成 12（2000）年のライトアップは来園者の急激な増加を生んだ。それ以降は平成 23（2011）年の東日本大震災などによる落ち込みはあったものの、外国人観光客の増加などにも支えられ来園者数は順調に伸びた。しかし、令和２（2020）年の新型コロナウイルスの流行により各庭園は数か月に及ぶ臨時休園に見舞われ、ここ数年は来園者数が従来の半分にも満たない状態だった；図の「全庭園計」には、浜離宮・旧芝離宮・小石川後楽園・六義園のほか、清澄庭園・向島百花園・旧古河庭園・旧岩崎邸庭園・殿ヶ谷戸庭園（随宜園）の来園者数が含まれる〔東京都建設局「東京都における文化財庭園の保存活用計画（共通編）」（平成 29 年３月）より作成〕

ライトアップは非日常性がポイント

実は、この二つの庭園の他に洋館とバラで人気の旧古河庭園でもライトアップを実施していたのだが、多くの来園者がありライトアップ事業の成功事例となっていた。

これらのことから、来園する人たちが求めているのは、庭園をライトアップし夜の庭園の姿を浮き上がらせ飲食を提供するといった単純な構成ではなく、暗闇に浮かぶ桜やバラといった非日常の世界、幻想的な世界を求めていることがわかってきた。来園者のアンケートにも、「幻想的な桜が美しかった」、「暗い夜に浮かぶ桜はきれいだった」といった類の声が多く寄せられていた。

幻想的な世界とは、花に限られることではなかった。六義園では、生き物であるかのように浮かび上がるアカマツの枝、大泉水に浮かぶ中の島の島影など、昼間では全体の景色のなかに埋もれてしまう樹木や石組の造形に焦点を当てて闇のなかに浮かび上がらせることが、庭園本来の持つ美しさを気づかせることであるとわかったのである。

なお、旧芝離宮のライトアップは平成一四（二〇〇二）年に打ち切りになったが、その後、平成三〇年五月、周辺企業によるエリアマネジメント団体との共催による「Night Garden in 旧芝離宮恩賜庭園」と題するライトアップイベントが行なわれ、若者を中心とした多くの来園者が訪れた。この大成功を得て、継続的に実施されている。ちなみに、表参道のイルミネーションも形を変えて復活している。

六義園では春のしだれ桜と秋の紅葉の年二回ライトアップを実施しているが、年々ライトアップ技術も向上し、ライトの色彩が時間により刻々と変化し桜のさまざまな表情を見ることができたり、音楽に呼応してライトの色調や輝度《きど》が変化したりするなど演出効果も向上、夜間ならではの庭園の景色の変化を楽しむ仕掛けが増してきている。

なお、新型コロナウイルス感染症対策により、令和二（二〇二〇）年から令和四年にかけて、全国的にイベントの中止や施設の閉鎖等が断続して行なわれた。

三節　庭園ガイドボランティアを育てて

1　江戸庭園物語の語り部を

文化財庭園のガイドをボランティアが行なうといった考え方は、公園協会答申に基づくが、当時協会専門委員会の委員長であった進士五十八氏によると、「絵のような京の庭とは違って広大で絵になりづらく、一方で数百年の波乱万丈な庭園生活史を重ねた江戸庭園物語は、広汎かつ深い知識や都民が関心を持つ地誌や植物誌やエピソードを楽しく話せる語り部の存在なくして、その魅力を十分に伝えることはできない」との理由から文化財庭園のガイドを提言したとのことであった。

都立庭園の管理が東京都公園協会に移された年に、庭園の現場でも、来園者サービスの向上のために何ができるか定期的に会議を行なっており、そのなかで「庭園のガイド」導入の検討がされたという。当時の浜離宮の管理事務所長や担当係長に話を聞いたところ、園内巡回の際や維持管理作業中に、来園者から「この庭園はいつごろできたのか」、「池の水がなぜ海水なのか」といった質問を受ける機会が少なからずあった。そこで、庭園の説明を行なうガイドを浜離宮で試しにやってみようという話になったという。

ガイドのコース設定や説明内容は管理事務所の所長や職員が決めて、職員が職務として行なうガイドであったが、来園者には大変好評であったそうである。ところが、従来からの維持・管理業務が煩雑化するなかで、職員が定期的に庭園ガイドを行なうことは困難となってきたため、残念ながら継続的な実施とはならなかった。だが、庭園の作庭意図や管理手法等に関心を持つ来園者が思いのほか多いということが、職員たちの実感からも明らかになっていたのである。

とはいえ、浜離宮や小石川後楽園等の特定の大名庭園の知識を持つ人は学識者や研究者等に限られており、庭園のガイド役を一般の市民が簡単にできるものではなかった。庭園ガイドを行なうためには、大名庭園とは何なのか、大名庭園の生まれた時代背景等の基礎的知識とともに、浜離宮や小石川後楽園といった庭園固有の歴史や特徴などの知識がどうしても必要であった。

また、市民がボランティアとして庭園をガイドするという仕組みは、当時他にはない試みであった。そこで、参考になるガイド組織はないか、庭園の多い京都や奈良に調査に行ったが、庭園専属のガイドを設けている庭園はなく、パンフレットやバスガイド等に頼っているのが実情で参考にはならなかった。結局のところ、独自で新たな組織を創らなければならないとの結論に至ったのである。

2 「都立庭園ガイドボランティア養成講座」の開講

平成七（一九九五）年一月に発生した阪神・淡路大震災では大勢のボランティアが支援にあたったことから、その年を「ボランティア元年」とも呼んでいる。日本ではあまり馴染みのなかったボランティアが市民権を得て、多くの場所でボランティアが活動することとなったのが、このころからであった。

今でこそボランティアは、震災や水害などの被災者支援をはじめ、子どもの学習支援や高齢者の介護支援などさまざまな分野で大きな力となっている。しかし、都立庭園でボランティアが活動することになる平成一一（一九九九）年当時というのはボランティアの活動をどのように受け入れるのか、ボランティアが組織化できるのか、まだまだ混沌《こんとん》としていた時代でもあった。

東京都公園協会は、都市の緑化普及事業として、各分野の専門家を講師として授業を行なう「緑と水の市民カレッジ講座」を開講していたので、その講座を活用して庭園の知識を持ったガイドを養成できないかを検討した。そして生まれたのが「都立庭園ボランティアガイド養成講座」であった。

講座では大名庭園の知識を広く普及させる授業を行ない、大名庭園に興味を持った人々のなかから庭園ガイドを行なうボランティアを募集するといった、ガイド養成の仕組みを構築していった。

また、このボランティアを制度化するにあたって、ライセンス試験に合格することを条件とした。それは、庭園のガイドは単なる労務の提供ではなく、庭園に関する知識を持っていると認定されたガイドであるという位置づけからで、名称も「都立庭園ガイドボランティア」とした。あえて資格制度として、専門ボランティアであることを証明する資格取得者のカードを発行したのである。

「都立庭園ガイドボランティア」が〝庭園デビュー〟したのは、平成一一（一九九九）年一〇月、浜離宮と小石川後楽園であった。その後、平成一二年から六義園、平成二〇年から旧芝離宮に導入され、各庭園で庭園ガイドが実施されることとなった。その後、順次庭園ごとに「都立庭園ガイドボランティア」が養成され導入されていった。

具体的な活動は庭園によって異なっているが、ガイド活動は現在概ね土日・祝日の週二、三回、一回あたり一時間から二時間程度を午前と午後に分けて実施しているという。

3　庭園ガイドツアーの役割

都立庭園ガイドボランティアは、令和五（二〇二三）年現在三一七名が登録している。資格制度を導入して二四年経過したが、予想以上に多くのボランティアが登録し活動していることがわかった。また、ガイドボランティアの導入以降、岡山後楽園、金沢市の兼六園といった各地の大名庭園でボランティアのガイドが導入され始め、大名庭園だけではなく多くの公共施設においても市民のボランティアがさまざまなガイドとして活躍するようになっている。

ガイドツアー参加者が知りたいことは？

ガイドボランティアが来園者にどうとらえられているか、平成二七（二〇一五）年七月、庭園ガイドツアー参加者にアンケート調査を行なった。その結果、満足度は高く、庭園の特徴や歴史を知ることができたという参加者が多いということがわかった。

日本庭園に対して、理解するのが難しいと考える人は多い。それは、石組においてその配置は三尊石《さんぞんせき》であるとか、礼拝石《らいはいせき》から庭を望むとか、蓬莱島、神仙思想といったさまざまな思想のなかで庭が造成されている、といったことが解説書に書いてあり、そうしたことを知らなければ庭園は理解できないのではないかと思い込んでいるためである。

庭園は知識がなければ鑑賞できないものではなく、庭園を美しいと感じ、快適な場所であると感じることが重要である。知識があれば、さらに深く庭園を楽しむことができるようにもなる。そのために、わかりやすく説明するガイドが要る。

ところが、アンケート調査により、多くの見学者が求めているのは、作庭の意図や石組等の伝統技能の素晴らしさなどではなく、この庭園ができたころの社会的背景、だれが何のために造ったのか、どのように利用されていたのか、現在に至るまでの庭園の栄枯盛衰の歴史などだった。知的好奇心を満足させる程度に知りたい、そして楽しく聞きたいということであることがわかった。

庭園の基本的知識や庭園技法（庭芸）について、伝えたいことをわかりやすく伝えるということも大切だが、来園者が知りたいと思っていることは何かを知り、それをいかにして伝え、その知的好奇心をどう満足させられるか。アンケート結果は、今後の庭園ガイドのあり方に示唆を与えると同時に、庭園を管理するうえでも重要な課題となった。

ガイドボランティアになった理由は？

ガイドツアー参加者のアンケート結果を受けて、同年、庭園ガイドとして活動をしているボランティアの人たちに対して、参加動機や業務の満足感などについてのアンケート調査を実施した。その結果、自分の好きな場所（庭園）で活躍したい、社会における自分の居場所を再発見したいといった自己実現を求めて参加している傾向がわかった。庭園ガイドの業務は、「来園者の喜ぶ姿を目にすることで、自分の行動の成果を実感できる」からと、高い満足感につながっている。

ボランティア活動を担う人たちは、何よりも庭園が好きで、庭園のことをもっと知りたいと考えている人たちであり、庭園を支える強力な市民グループであると確信できた。だからこそ、その熱意が来園者に伝わり、次回もガイドツアーに参加したいという思いを来園者に抱かせるのであろう。

庭園ガイドの取り組みは好循環を生んでいくのではないか。外国人観光客向けの英語ガイドも開始している庭園もある。ガイドボランティアは、今後も庭園運営の大きな力となっていくことは間違いない。

ガイドボランティアになってみて

実際、どのような人が庭園ガイドとして活動しているのであろうか。ボランティアの一人に話を聞いてみた。六義園で庭園ガイドを続けている六〇代後半の男性である。

〈三〇歳のころ親の跡を継ぐ形で、小さな会社の社長になりました。経営はなにかと大変で、苦しいことがあると、よく六義園を訪ねたものです。池、「大泉水」の周囲を散策しながら美しい風景を眺めていると、頭がすっきりしてくるのでした。

当時はあまり詳しくはなかったのですが、柳沢吉保という将軍綱吉に仕えた人が、詰めていた江戸城中から指図を出して、何年もかけて庭を造ったのだという。そんな継続した熱意を思うと、活力が湧いてもきました。今はその恩返しでもあるのです。

もともと江戸時代の歴史に興味はあったのですが、社長を息子に譲って会長になったのを契機にお茶や謡《うたい》を習い始めていました。

二〇一一年三月、東日本大震災が起こりました。ニュースのなかで大勢のボランティアが被災地に行って支援活動をする姿を見て「自分も何か社会の役に立ちたい」という思いを抱いたのです。その思いは年々強くなっていきました〉

そんなときに出会ったのが「都立庭園ガイドボランティア」であったという。都立庭園ガイドボランティアとなる養成講座に参加したのは六〇歳のときだ。

庭園ガイドの感想を聞くと、参加者の反応をつい意識してしまうが、ガイドが終了したときに拍手をされると感激してしまうそうである。そして、老夫婦を案内したときの話を聞くことができた。

〈こんなこともありました。その日のガイドツアーは、たまたまご夫婦お二人だけでしたが、私の説明に熱心に耳を傾けていらっしゃって、奈良からいらしたということも印象に残っています。後日、庭園事務所宛で、お手紙をいただきました。

そこには、何十年かぶりに夫婦で東京を訪れたこと、六義園でのガイドが大変楽しかったことなどが綴られ、心温まる感謝の言葉で結ばれていました。庭園ガイドをやっていて本当に良

かったと思います〉

アンケート調査の結果をみても、庭園ガイドボランティアを担うのは男女とも六〇代が多い。六〇歳の還暦を人生の節目として、第二の人生を考えるにあたり、ボランティアが選択肢の一つとなってくるのではないか。

また、アンケートの自由記載欄には、「参加者が喜んでくれるのが嬉しい」という意見が数多くあった。私は、このことがボランティア活動の目指すところではないかと考えている。庭園ガイドは、さまざまな経験を持ったボランティアが、自分の経験も踏まえながら庭園の魅力や価値、歴史等を参加者に伝えていくことが目的である。活き活きとガイドを行なうボランティアの姿が、大名庭園を次の世代へと引き継いでいくエネルギーになっていくものと考えている。

四節　対象ごとにさまざまな取り組みを行なって

1　大名庭園を舞台とするイベント

東京都公園協会では、「利用の復元」として「ライトアップ事業」と「庭園ガイドボランティア」に取り組んできたが、そのほかにも大きくわけて四つの目的を持つイベントを実施してきた。

一つ目は、史資料に基づき江戸時代の大名庭園がどのような利用をされていたのかを追体験できるようなイベント。

二つ目は、観光目的で来日する外国人観光客に対する、日本固有の庭園文化を紹介するためのイベント。

三つ目は、小中高生に対する、大名庭園を次世代に引き継いでいくためのイベント。

四つ目は、世界に向けた大名庭園の情報の発信につながるイベント。

また、地域との連係で進める事業・イベントもある。それぞれの事例を紹介しよう。

史資料を基にしたイベント

大名庭園が江戸時代にどのように使われていたのかは、さまざまな史資料により確認することができる。それらに基づき、当時将軍や賓客などが庭園をどのように楽しんだのかを体験し、大名庭園の魅力を知ってもらう。大名庭園の利用を復元していく試みである。

〈将軍料理体験〉

浜離宮では、江戸時代の御品書きを使って当時の料理を再現し、「松の御茶屋」で提供する「将軍料理体験」イベントを行なった（図2）。『江戸の料理読本』などの著書を持つ松下幸子

図2　将軍料理体験の様子
この日の献立は、しじみの汁に玉子とじの煮物、朱角御重には焼白うお、小板かまぼこ、にしめひじき等であった。料理監修者から料理一品一品についての説明を聞きながらいただく〔公益財団法人東京都公園協会提供〕

千葉大学名誉教授が料理監修、歌舞伎座厨房の協力で、文政六（一八二三）年正月二一日の献立の前半を再現した。
将軍の料理が目の前に出されたことに対して、参加者から驚きと感激の声が上がった。料理については、「彩り豊かで美しい」、「健康的な食事」といった意見が寄せられた。

〈「上段の間」体験〉

浜離宮の「燕の御茶屋」においては、将軍の座る「上段の間」に座って将軍の体験を味わうイベントを行なった。上段の間からは、広々と広がる大泉水、中島に続くお伝い橋、そして、中島の御茶屋といった将軍が眺めたであろう素晴らしい眺めを堪能することができた。

〈薬酒づくりワークショップ〉

八代将軍吉宗の時代に浜御殿では薬草園が造られたとの記録（図3）をもとに、浜離宮では、江戸時代中期に栽培されていた薬草に焦点をあてた「薬酒づくり」のワークショップを開催した。当時園内で栽培されていた薬草一覧も作成、景観観賞だけではなく、史実に基づいた新たな視点で庭園を楽

図3　浜御殿　薬草園の絵図

ドクダミ、アヤメ、ウコンなどが植えられていた。毎年5月の初めには110種もの薬草が将軍に献上されたという〔『浜の御苑之記』（天保5〈1834〉年）、国立国会図書館所蔵〕

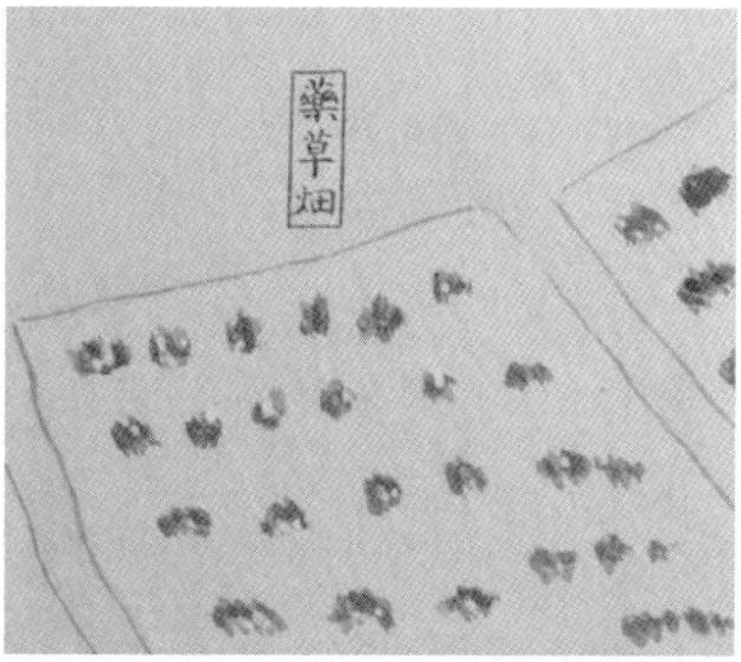

図4　雅楽と舞の披露
「胡飲酒」は胡国（古代中国の北方の異民族）の王が酒を飲み酔って舞った姿を舞にしたものであり、「春庭楽」は春の庭に花と戯れる様子を舞う。斉脩は学問だけでなく芸能にも通じていた〔公益財団法人東京都公園協会提供〕

しむ機会を創出した。

〈雅楽と舞鑑賞〉

小石川後楽園では、史資料に基づき水戸藩八代当主斉脩《なりのぶ》が舞ったといわれる「胡飲酒《こんじゅ》」、「春《しゅん》庭楽《ていらく》」などの演目を披露し（図4）、「江戸時代に戻ったかのような時間を過ごすことができた」と大変好評だった。装束をつけた雅楽と舞は、来園者に大名庭園の歴史性を伝える良い機会となった。

〈黄門様の梅まつり〉

水戸家の上屋敷の庭であった小石川後楽園では、平成一三（二〇〇一）年度、水戸の偕楽園開園一六〇年を祝して「黄門様の梅まつり」を開催し、四万人近くの来園者を得た。翌年以降「黄門様の梅まつり」は小石川後楽園の恒例行事として多くの人に親しまれることとなった。

外国人観光客に向けたイベント

庭園では平成二六（二〇一四）年ころから、外国人と思われる人数のカウントを始めていた。外国人の来園者が多いのは浜離宮で、全来園者数の約二〇％に達しており、六義園、小石川後楽園なども外国人観光客の来園が年々増加していた。しかし、新型コロナウイルスの影響により、庭園も一時閉鎖されるなど大きな影響を受けた。

これまで大名庭園では、増加しつつあった外国人観光客に向けた日本文化・庭園文化の発信として、さまざまなイベントを行なってきた。今後、再び外国人観光客が日本を訪れることが多くなることが予想されており、イベントをさらに充実させていくことになるだろう。

〈日本文化の体験イベント〉

浜離宮や六義園では、「お茶」や「習字」といった日本文化の体験イベントを行なった。初めて体験するお茶には多くの外国人が興味を示し、短い時間ではあるが、大名庭園で日本文化に触れ合えたことに感謝する声が多かった。

外国人観光客にとって、日本文化を味わえる場所は京都や奈良だと思っている傾向がある。首都東京にも歴史のある庭園があり、日本文化と触れ合う機会を持てることに驚く外国人観光客は非常に多い。お茶や習字の体験イベントは、東京は武士の時代には江戸と呼ばれ、江戸は武士の最高権力者であった将軍の住む都市であり、多くの大名庭園があったということを知ってもらえるきっかけになっている。

そのほかにも、夏場には日差しを遮るために和傘を提供するなど、日本文化・風俗を体験できる仕掛けを工夫している。また、首都東京にある文化財庭園といった立地特性から、海外からの使節団や国賓などが日本文化を体感できる場所として浜離宮を訪問場所にしているのである。

子どもたちに向けたイベント

大名庭園を次の世代に引き継いでいくためには、次世代を担う若い人たちに江戸の大名庭園・文化財庭園に対する理解と協力が必要となる。庭園を訪れるのは高齢者が多いという調査結果があるように、若い世代、特に一〇代、二〇代の来園者は少ないのが実態である。そのためにも、まず子どもたち、中学生や小学生に向けたイベントを行なっている。

そこでは、大名庭園とは何か、その魅力や価値はどこにあるのかといった理屈ではなく、まず、大名庭園に来てもらう、身近な施設であると感じてもらう、親しみある場所であると感じてもらうことが大切だといえよう。

〈中学生の職場体験の場〉

旧芝離宮や六義園では、近隣中学校と連携し、生徒の職場体験を受け入れている。体験範囲は広く、窓口での接遇、除草作業、施設の清掃、樹木診断のほか、ツイッター発信等の業務をやってもらっている。

ほとんどの生徒は、大名庭園に来るのは初めてであり、大名庭園が何かも知らない。生徒たちの最初の驚きは、都会の真ん中にこんなに広い池があり、樹木が生い茂る場所があることだ。そして、そこが江戸時代に造られた庭園であることを聞いてさらに驚く。生徒たちにとって大名庭園は、近くにある場所にもかかわらず、塀で囲まれた知らない世界なのである。

職場体験を通じて、普段触れることのできない文化財庭園の維持管理を経験してもらい、庭園を美しい姿で維持管理していくために毎日どのような作業を行なっているのか、何が必要なのかといった文化財庭園を守り育てるための重要性を感じてもらった。

〈小学生の課外活動の場〉

大名庭園に小学生を呼ぶために、子ども用のガイドブックを作成し、遠足など小学校の課外活動の場として活用してもらう取り組みを行なっている。

大名庭園を文化財として、守り育てていくためには、多くの人々の理解と協力が必要である。その理解と協力を得るためには、大名庭園が魅力ある価値ある施設であると感じてもらえる人々を増やしていかなければならない。そのためにも、子どもたちとその親、引率の先生など次代を担う若い世代に連なるグループが、大名庭園に親しむ環境を醸成していかなければならない。

世界に向けた情報発信イベント

大名庭園は日本文化の重要な発信拠点である。日本文化を世界の人々に理解してもらうことは、文化財庭園としての大名庭園の果たすべき大きな役割でもある。日本への外国人観光客の増加とともに、東京の大名庭園を訪れる外国人観光客も増加するなど世界との交流が活発になってきている。このような背景のなか、世界への情報発信は今後さらに取り組んでいくべき課題なのである。

〈ニュースやSNSでの情報発信〉

英国ウィリアム王子が、平成二七（二〇一五）年に初来日した際に訪れた庭園が浜離宮であった。限られた時間ではあったが、「中島の御茶屋」でお茶のおもてなしを受けられ、日本の伝統文化の一端を体験していただくことができた。このことはニュースやSNSを通じて、浜離宮の名とともに世界に発信された。

〈園芸学校研修生の受け入れ〉

近年、庭園文化の一つである樹木の剪定や刈込等の樹芸の研修のために、日本の庭園に研修に訪れる外国人ガーデナーが増えている。

六義園、浜離宮では、平成二七年からフランスのベルサイユ園芸学校の研修生を受け入れ、庭園の維持管理作業を体験してもらった。初めて剪定ばさみを使いながら樹木剪定を行ない、日本庭園の景色の造り方、樹木管理の仕方を学んだ。

〈庭園技術の交流〉

日本の庭園の景色のつくり方は、自然界にある美しい風景を限られた空間に再現する「縮景」の技術によって生み出されている。そのためには、樹木を自然のなかにあるそのままの姿で、しかも小さく仕立てる剪定技術が必要となってくる。樹木をそのように剪定し育成管理するといった考え方は西洋にはない。

自然との付き合い方が日本とは全く違っている西洋から来るガーデナーにとっては、日本の庭園管理技術は新鮮なのではないだろうか。日本の庭師にとっても、ガーデナーの考え方や技術は新鮮に違いない。

両者の出会いは、庭園技術の世界への発信でもあり、世界の庭園技術を知る貴重な機会でもある。日本人からすれば、日本の庭園技術の特徴を知るきっかけともなり、自分たちの庭園技術を次世代に引き継いでいくことの重要性を気づかせることにもつながっていくのである。

地域との連係

都心にある文化財庭園は、植物や動物という生物、水や土の存在する貴重なみどりの空間としての役割も求められている。特に都立庭園は公共施設として公園的な役割も求められる存在となっており、地域固有の文化財あるいは公共的な緑地として、地域社会のなかで十分に活用されるべきものである。

地域に根差した文化財あるいは公共的な緑地としての活用の事例として、小石川後楽園での地元文京区の小学校の児童による田植え、稲刈りの体験があげられる（図5）。

この稲田は、水戸徳川家二代藩主光圀公が、世継ぎとなる綱條の夫人に〝農〟を教えるために行なった米づくりに由来するといわれている。小学生の米づくりは昭和五〇（一九七五）年

図5　小石川後楽園の稲田での作業風景
収穫したお米（もち米）は脱穀、精米して学校へ届けられた。コロナ禍前はおはぎや鏡もちをつくる授業も行なっていた〔公益財団法人東京都公園協会提供〕

から校外学習の一環として行なわれてきた。

都心にあって稲田の様子を目にすることができる数少ない場所であり、歴史的にも由緒ある稲田での田植えや稲刈りなどの農作業は、小学生にとって貴重な非日常体験の場となっている。

五節　地域とともに大名庭園を次世代に伝えるために

1　「エリアマネジメント」による街づくり

エリアマネジメントとは　近年、全国で進められているという「エリアマネジメント」は一般にどの程度知られているだろうか。

国土交通省の平成二二（二〇一〇）年発行のパンフレット「エリアマネジメントのすすめ」によると、〈特定のエリアを単位に、民間が主体となって、まちづくりや地域経営（マネジメント）を積極的に行おうという取組み〉で、〈現在、民主導のまちづくり、官民協働型のまちづくりへの期待から、大都市の都心部、地方都市の商業地、郊外の住宅地など、全国各地でエリアマネジメントの取組みが実践〉されている。その実践の一つが旧芝離宮を核にした竹芝地区のエリアマネジメントなのである

Ⅲ章では、浜離宮における修復・復元の実際を紹介してきた。旧芝離宮も、浜離宮と同様に震災や戦災で大きな被害を受けており、史資料に基づき庭園本来の姿に復元していくことは重要な課題である。それとともに、周辺地域の急激な開発が進むなかで、地域と連携して街づく

りに取り組むことが重要な課題である。いいかえれば、都市における大名庭園はこの二つの課題を、同時並行的に進めていかなければならない状況にある。

この二つの課題に取り組む手法の一つとして「エリアマネジメント」がある。平成二六（二〇一四）年に打ち出された国の「地方創生」の政策の流れにあり、支援制度や交付金制度がある。行政用語として、地方再生、地域再生、地方創生という言葉があるが、その差異はよくわからない。地域のことは〝民間にがんばってもらおう〟という意味かもしれない。

東京都の平成二九（二九一七）年九月発行の冊子「都市づくりのグランドデザイン」から引用すれば、〈住民・事業主・地権者などが連携し、まちにおける文化活動・広報活動・交流活動などのソフト面の活動を自立的・継続的・面的に実施することにより、街の活性化や都市の持続的発展を推進する活動〉ということになる。

歴史遺産・大名庭園とスマートシティ・竹芝

旧芝離宮はJR浜松町駅の目の前に位置していることもあり、平成二五（二〇一三）年に竹芝地区の「都市再生ステッププロジェクト」がスタートして以降、庭園を取り囲むような形で複数の都市再生特別地区の事業が進められてきた（図6）。

平成二六（二〇一四）年には、東京都公文書館等の跡地利用をきっかけに「竹芝地区まちづくり協議会」が設立された。同協議会によれば、竹芝地区は〈日本のビジネス拠点である大手

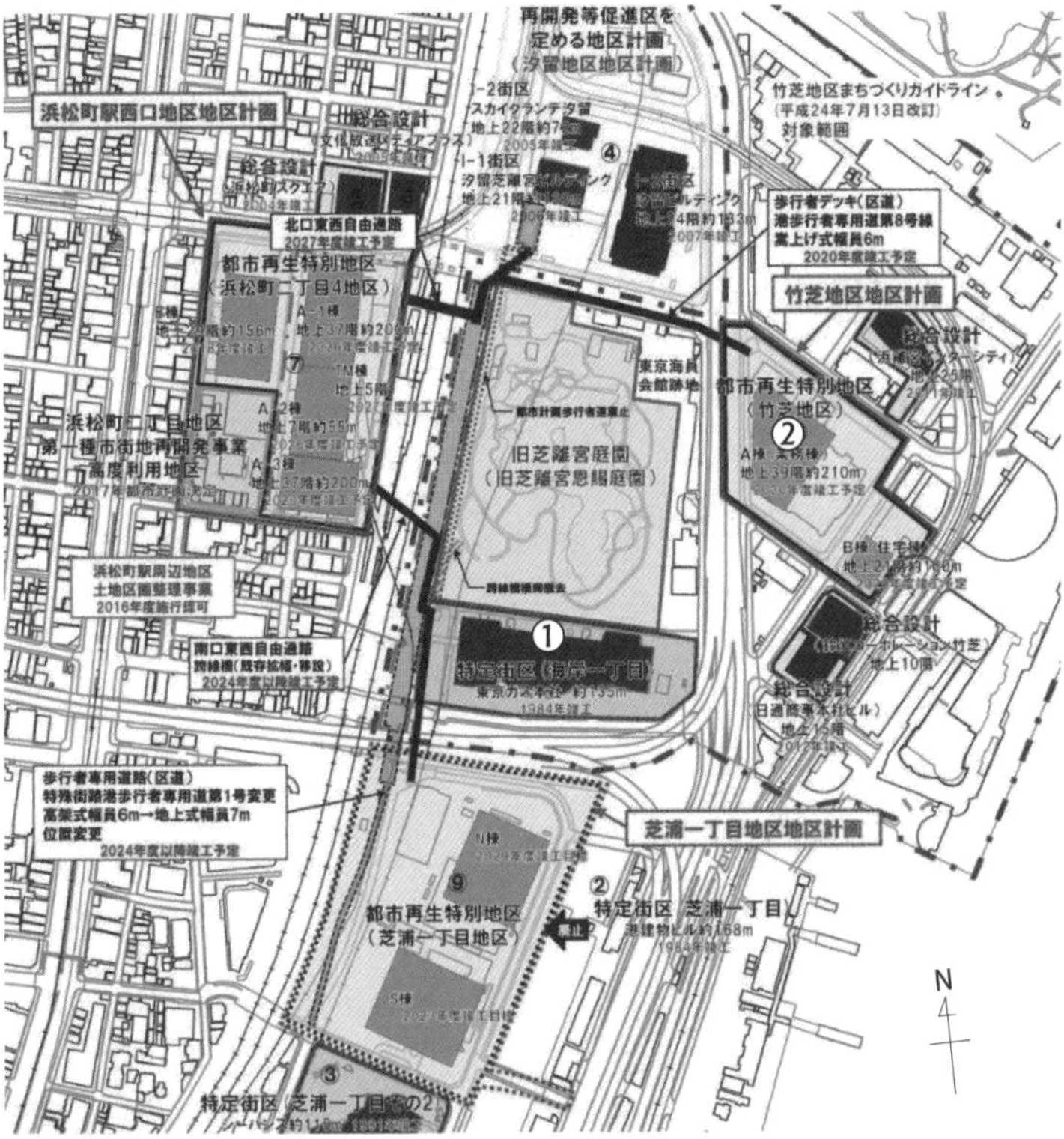

■図6　高層ビルに囲まれた現在の旧芝離宮恩賜庭園と都市再生特別地区の事業

江戸時代、庭園の東側は海に面していたが、昭和5（1930）年に埋め立てられ、庭園から海は見えなくなった。やがて昭和47（1972）年ごろになると、庭園の西側を通る鉄道で拡幅工事が、東側の埋立地でも高速道路の建設が始まる。さらに昭和59（1984）年の東京ガスビルディング（図の①）そして令和2（2020）年の東京ポートシティ竹芝（図の②）の完成によって、庭園は四方を高層ビルで囲まれる格好になった〔図面は東京都建設局「東京都における文化財庭園の保存活用計画（旧芝離宮庭園）・旧芝離宮庭園整備計画」（平成30年8月より）より〕

町・丸の内・有楽町地区、国内外を結ぶ交通の結節点である浜松町地区・品川地区など、国際競争力の高い地区に近接した、利便性の高い立地条件〉にある。そこに位置する旧芝離宮なのであった。

旧芝離宮は海岸線に立地し、江戸湾に入る帆船を眺めることができる景色の良い大名庭園であった。それが、高層ビルが立ち並ぶビルの谷間の一角になってしまった。まるで時間に取り残されてしまったかのようだ。だが、見方を変えれば、江戸時代の大名庭園がその姿を残してその場所に存在していることは非常にまれなケースであり、地域の歴史を物語る貴重な歴史遺産なのである。

東京におけるエリアマネジメントのさきがけともいえる街づくりは、都市再開発事業に伴い生まれてきた動きである。平成一四（二〇〇二）年六月に都市再生特別措置法の施行に基づき、政令で指定する都市再生緊急整備地域において、既存の用途地域等に囚われない自由度の高い都市計画を定めることを可能とする「都市再生特別地区」が地域地区の一種として創設された。そして、平成二三年には国際競争力強化を目的として都市再生特別措置法が改正され、「特定都市再生緊急整備地域」の制度が創設された。そして、平成二四年にJR浜松町駅周辺が特定都市再生緊急整備地域に指定されたのであった。

こうしたなか、竹芝地区まちづくり協議会ができ活動を展開、また浜松町駅と「ゆりかもめ」の竹芝駅をつなぐ歩行者デッキがつくられるなどの環境整備が進んでいく。

竹芝地区まちづくり協議会の提言を受け、準備期間を経て、平成二九（二〇一七）年三月には協議会とともにエリアマネジメントを実行する「竹芝エリアマネジメント」の一般社団法人化が完了した。

なお、竹芝地区まちづくり協議会は、正会員については〈竹芝地区における地権者並びに一棟テナントまたはそれに準ずるもの／住民組織（町会、管理組合）／上記と関連して事業活動や地域活動を行う行政機関等芝地区まちづくり協議会〉となっている。事業運営は一般社団法人竹芝エリアマネジメントが担う。

歴史ある大名庭園をエリアマネジメントのなかで活用し、スマートシティ構想をどう進めていくか大いに注目したい。

2　エリアマネジメントのなかのイベント

演出効果とPRで成功

「エリアマネジメント」の一環として初めて行なわれたライトアップ事業は、平成三〇（二〇一八）年五月二五日・二六日、金曜・土曜の二日間、竹芝エリアマネジメントが主催した「Night Garden in 旧芝離宮恩賜庭園」だった。主催者によると、〈ナイトライフコンテンツ活用の実証実験〉ということであった。

大名庭園におけるライトアップ事業は、平成一二（二〇〇〇）年に、この旧芝離宮から始まった。来園者数が伸び悩んだため三年で事業を打ち切ったというあまり良くない記憶もあり、不安のなかでの試行であった（191頁「2　ライトアップ事業をスタート」参照）。

しかし、当時とは違って、海辺にある庭園をアピールして波の音のBGMを流すなど演出効果を高めるさまざまな工夫を凝らしていた。そして、二日間で合計一二二九人の来園者があった。この試行の成功により、東京都公園協会は、エリアマネジメント団体との協働実施に対する自信を深めることができた。

平成三〇（二〇一八）年秋の紅葉の時期には、共催という形で一一月二一日から二四日までの四日間、ライトアップ事業の本格的な実施となった。照明技術の向上をはじめ、風車のオブジェや和傘の配置、樹木へのスポット照明など巧みな演出、そしてエリアマネジメント参加企業による広告媒体へのPR活動が功を奏して四日間の来園者数は九六七五人だった。予想以上の人たちが来園してくれた。

本格実施第一回目のライトアップ事業は、エリアマネジメント団体主導で実施されたのだが、民間企業のイベント実行力や広報力がいかんなく発揮されたといえよう。一方、文化財庭園内で実施するにあたって、文化庁等行政機関との調整や園内誘導、安全管理等に関しては実質管理者である東京都公園協会が助言・指導するなど、お互いの得意分野を有効に出し合った結果でもあった。

ライトアップ事業試行に至るまでには、エリアマネジメント団体と東京公園協会との間で、文化財庭園とは何か、旧芝離宮の本質的価値は何かといった議論を積み重ねていったのである。

その後、ライトアップ事業は東京都公園協会が主催団体へと移行しながら、継続的に実施されていくことになる。

知られていなかった庭園の存在

今だからいえるが、こんなことがあった。

竹芝エリアマネジメントと旧芝離宮との連携を模索するために打ち合わせをすることになった。庭園管理者として参加した初めての席で、私は衝撃を受けた。それは、竹芝エリアマネジメントが、事業化に向けて地域の町会や企業等の人たちを集めて今後の運営を話し合った打ち合わせのなかで、ほとんどの出席者が庭園についてその存在すら知らなかった。

旧芝離宮は、再開発事業区域の中心部に位置しており、江戸時代から続く歴史ある施設だ。当然、知っていると思っていた。だが、庭園は午前九時に開園し午後五時に閉門するため、通勤途上では閉じられた門を横目で見るだけだったのだ。開園していてもひっそりとしていて、あえて門を入ろうとはしない。樹木が生い茂るお屋敷のようなものがあると漠然と思っていたという人が大部分であった。そして、夜になると周辺の高層ビルは部屋の照明が窓を明るく照らし出しているが、ビルの谷間にある庭園はブラックホールのように真っ暗で、ビルの上から見ても、そこに何があるのかもわからなかったというのであった。

東京都が提示した竹芝地区まちづくりガイドラインにおいて、旧芝離宮は竹芝地区の地域資源として貴重な文化財であり、地域のシンボルであるとして極めて重要な資源として位置づけられていた。だが、庭園をまちづくり貢献の拠点としてPRする事業を開始することが命題であったはずの竹芝エリアマネジメントの人々にとって、当初は接点の薄さからそれほど重要性を感じない施設であったのかもしれない。

維持存続は地域の人々に守られてこそ

ほとんどの人が知らなかったという事実を受けて、旧芝離宮の管理所が最初に行なったのは竹芝エリアマネジメントのメンバーに対する〝大名庭園PR〟であった。園内をじっくりガイドし、その歴史と生い立ち、庭園の特徴などを説明し理解してもらった。

それから、庭園の特徴を生かして竹芝地区のPRイベントを行なう計画づくりを始めた。そして、庭園の活用実験として周辺企業に勤務する人たちに庭園のことを知ってもらうために、勤務終了後に参加できる夜間開園、ライトアップを行なった。これが、現在のライトアップ事業が開始される契機となった。

大名庭園の復元を進めるためには、施設の復元は重要なことであるが、庭園を取り巻く地域との連携を深め、地域における貴重な存在となっていかなければならない。「利用の復元」とは、多くの人々にまず庭園を知ってもらうということであるが、地域の人々の身近な存在になるということでもある。

　プライベートな存在であった大名庭園は、大名という個人によって守られ維持されてきた。明治維新以降、パブリックな存在となった江戸の大名庭園は、地域の人々に守られ維持存続される存在とならなければならない。そのとき初めて、真の意味での大名庭園の復元が可能になっていく。

3　次世代に大名庭園を引き継いでいくために

民間の力でイベント大成功

　新型コロナによる各種イベントの閉鎖前、令和元年（二〇一九）七月二五日木曜から二七日土曜の三日間、旧芝離宮で地域の竹芝エリアマネジメントとの共催による三回目のライトアップ事業、「江戸夏夜会」が実施され、六七一二人の来園者があった（図7）。

　テーマは、川や水路が網の目のように張り巡らされていた水の都江戸。水の都をイメージした青を基調としたライティング、「霧」を使ったインスタレーションは涼しげで、江戸情緒を感じられる行灯、和傘が飾られ、夏の夜を彩る。また、海を埋め立てて造られた庭園の記憶をたどるように風や波音を光と音で可視化、可聴化することで、江戸の情景を蘇らせる演出を行なった。

　このライトアップイベントは、洒落《しゃれ》た飲食の提供、照明と音楽の融合、そして照明デザイン

図7　竹芝エリアマネジメント主催の「江戸夏夜会」のライトアップ
イベント期間中の来場者は6,712人（1日平均2,237人）に達した。来園者の68%が旧芝離宮恩賜庭園に初めて来園した人々であり、かつ20～30代が53%と半数以上を占めた〔公益財団法人東京都公園協会提供〕

の工夫など、今まで来園者の少なかった若者をターゲットとして企画した。今まで行なってきたライトアップとは、規模的にも質的にも一段と向上した内容となったといえる。竹芝エリアマネジメントという民間企業のイベント実行力は、行政関係組織にはないものであり、民間との連携の重要性・必要性を強く感じるイベントとなっている。

大名庭園と地域との連携

庭園を活用していくうえで、その根底にあるのは地域とのつながりである。いかに地域に根づいているか、地域に親しまれ愛されているかということだ。春の芽吹きの美しさを眺めに庭園を訪れ、夏の夕暮れに庭園で涼み、秋の紅葉を眺めに庭園を訪れ、冬には雪景色の庭園を訪れるといった、地域の人々の生活に密着した庭園であることが、庭園と地域の関係を育んでいくのである。

地域の財産である庭園を管理運営していくためには、

繰り返しになるが、地域との連携は不可欠である。地域の人々の理解と協力がなくては、庭園を次世代に引き継いでいくことは難しい。地域とのつながりが薄れつつある都心に存在する大名庭園にとって、エリアマネジメントとの連携は新たな地域との関係性を生み出すことになるのかもしれない。

旧芝離宮を取り囲むエリアマネジメントの動きは、歴史ある庭園も巻き込み、新しい街を創造していこうというものである。新たな住民を迎え、新たな街づくりを進めるにあたって、埋め立てによって生まれたその地域の生き証人でもある旧芝離宮にとって、エリアマネジメントは地域の歴史や文化を多くの人たちに伝える機会であり、新たな活用の一つでもあると考える。

令和四（二〇二二）年五月、旧芝離宮において東京都公園協会が主催し、一般社団法人竹芝エリアマネジメント、一般社団法人芝浦エリアマネジメント、株式会社世界貿易センタービルディング等のエリアマネジメント団体との共催という形で、二回目となる「旧芝離宮夜会」が行なわれた。

新型コロナウイルスの影響によりほぼ二年間休止を余儀なくされていたが、新型コロナウイルス感染症まん延防止等重点措置が解除され、リバウンド警戒期間も終了し、他機関のイベントが、万全なコロナ対策の下で徐々に解禁されてきたなかでのイベント実施の決断であった。

このイベントは、五月二五日水曜から二八日土曜までの四日間の開催、イベント参加費は入園料・飲食代を含めて二〇〇〇円とした。この料金では来園者は少ないであろうと思っていたが、予想をはるかに上回る三五〇〇人もの来園者があった。〝巣ごもり〟から解放された気分であったのかもしれないが、会場は大勢の人で賑わい、さまざまな色のライトによって浮かび上がる庭園の景色を若者たちが携帯電話をかざしている姿を目にすることができた。

旧芝離宮のライトアップイベントが若い人々に定着しつつあるのではなかろうか。地域の街づくりを命題に活動しているエリアマネジメント団体との連携は、大名庭園にとって欠かせないのではなかろうか。いずれ時が明らかにしてくれるだろう。

4 広がる大名庭園の活用

大名庭園は歴史的に価値ある施設である。同時に、大都市にあって貴重な広大な空間である。近年、一般の人たちからイベント会場として利用したいとの要望が多くなってきている。大名庭園の価値を認めたうえでの利用を希望する場合もあるが、文化財庭園の存在価値とは関係のない問い合わせも多くなってきている。

ただ、大名庭園の利用についてはやはり、文化財としての利用制限も必要であると考えている。

ユニークベニューに指定された浜離宮庭園

平成二九（二〇一七）年には、訪日外国人旅行者はおよそ二九〇〇万人を数えたという。新型コロナウイルスによる世界的パンデミックの発生する前の平成二八年三月、日本政府は「明日の日本を支える観光ビジョン」を策定。訪日外国人旅行者の増加をふまえ、二〇三〇年には六〇〇〇万人とする目標を立て、「観光先進国」への新たな国づくりを進めていた。

そのなかで観光庁が打ち出したのが「ユニークベニュー」であった。観光庁によれば、〈「ユニークベニュー（Unique Venue：特別な場所）」とは、「博物館・美術館」、「歴史的建造物」、「神社仏閣」、「城郭」、「屋外空間（庭園・公園、商店街、公道等）」など、会議・レセプションを開催することで特別感や地域特性を演出できる会場〉を指しており、国際会議の誘致に大きな効果を発揮する各都市のユニークベニューは、日本においても積極展開が求められていると考えられていた。そこで、その会場が求められていたのである。

ユニークベニューとして指定された施設は、迎賓館赤坂離宮、モエレ沼公園、京都二条城、岡山城といった歴史的建造物や文化施設であった。そして、浜離宮庭園もユニークベニュー指定を受けた。

ユニークベニューの指定は、国際会議等の主催団体に会場として場所を提供し、参加者等に日本独自の歴史や文化を堪能してもらおうという取り組みであった。目的は、外国からのお客様に日本文化を広く知ってもらう、感じてもらうといった趣旨であるため、浜離宮という大名庭園がどのような庭園なのかといった個別の庭園の特徴を知ってもらう点はどうしても薄くなってしまう。

令和二（二〇二〇）年以降、新型コロナウイルスの世界的大流行により、日本への観光客は激減した。新型コロナウイルス発生前の状態に戻るには数年を有するといわれている。しかし、日本が観光立国をめざすなか、海外観光客の誘致は今後も続いていくと思われる。国際会議の参加者だけでなく、来園者に大名庭園の何を伝えるか、大名庭園をどう体感してもらうか。迎える側の課題は大きい。

大名庭園丸ごと体験の夕べ

大名庭園を活用するにあたって、史資料に基づき催しを行なってきたが、御茶屋、能舞台、稲刈りといった個別のテーマにとどまってきた。今、庭園の特別な景色を眺める、庭の景色全体を使った追体験型のイベントが企画されている。

それは、令和四（二〇二二）年一〇月五日から一〇日に行なわれた浜離宮のライトアップイベントである（図8）。今回のライトアップイベントは、参加者が江戸時代に浜御殿に招待されたという趣向だ。満月に映し出された大泉水の水面を眺め、大泉水に浮かべられた和船で奏でられる音曲を聞く夕べである。

浜離宮庭園の大泉水の西岸の小高く続く丘は「八景山」と呼ばれている。そこからは八か所の美しい景色が眺められるからだという。その一つが「狎鷗亭秋月《こうおうていしゅうげつ》」、秋の夜に中島の御茶屋から月を見る景色とされる。狎鷗亭は、中島の御茶屋の別名で、茶屋にかかっていた扁額《へんがく》（朝鮮特使が揮毫《きごう》したともいわれる）に由来する。江戸湾の海上に浮かぶ月を臨み、大泉水の水面に

図８　浜離宮恩賜庭園のライトアップ
御茶屋の障子に武士の影を映して江戸時代の宴の雰囲気を演出した〔公益財団法人東京都公園協会提供〕

映る月影を眺めながらの饗宴は格別のものであっただろう。

そして、音曲については、〈未の半ばかりに、お船に乗らせ給ふ、こは吹上の御池の御料なるを、今日の御まうけに、数多の持夫ら荷ひ出て、龍の口わたりより水にうかべて、ここに引き寄せるなりとぞ……伶人等衣冠を途と調ひ、楽器をしらべ合わせて……〉と書かれている資料（『浜の松葉』）もある。

当時を再現して、おもてなしの文化を追体験してもらう。暗闇のなかに浮かぶ和船や月の影は、現代の私たちにどのような思いを抱かせるのか。当時の人々が、雄大な大泉水にどのような思いを抱いていたのか、江戸時代の文化を感じとることができる機会ではないかと思う。

庭園全体を舞台としたイベントを企画し実施することは、予算のうえからも安全管理上も大変厳しいものではあるが、江戸の大名庭園を丸ごと体感するうえではまたとない機会であると思う。

江戸の大名庭園は、東京という大都会にあって江戸時代の姿を今に残す貴重な文化遺産である。それゆえに、さまざまな活用の要望がこれからももたらされることが予想される。大名庭園は江戸時代の文化を今に伝える貴重な生きた文化財であることを念頭に置きながら、大名庭園の活用を考えていきたい。そのためにも、東京都公園協会、庭園管理者は、自覚と誇りをもって大名庭園の魅力を伝えていってもらいたい。

6 庭園へ行こう

「公益財団法人東京都公園協会」のウエブサイト「公園へ行こう！〜緑と水の総合サイト〜」は、同協会の運営する都立公園や水上バスなどに関する情報を、イベントも交えさまざまに紹介していく充実したサイトだ。

その「庭園へ行こう」のページには「浜離宮恩賜庭園」（中央区）、「旧芝離宮恩賜庭園」（港区）、「小石川後楽園」（文京区）、「六義園」（文京区）の四つの大名庭園と、「向島百花園」（墨田区）、「清澄庭園」（江東区）、「旧古河庭園」（北区）、「旧岩崎邸庭園」（台東区）、「殿ヶ谷戸庭園」（国分寺市）の合わせて九つの庭園を並べて、リンクで各庭園ページに飛べる。

例えば、旧芝離宮恩賜庭園のライトアップイベントや小石川後楽園の花菖蒲《はなしょうぶ》を楽しむ趣向などのお知らせもある。

九庭園それぞれに、庭園紹介や見どころ、園内マップ、アクセスが掲示されていて、至れり尽くせりといえよう。ツイッターやインスタグラムも活用している。

庭園ごとに都立庭園ガイドライセンスを持ったボランティアが所属していて、ガイドツアーなどを実施。実施日や内容などは庭園で違うので、サイトで確認してほしい。

また、このライセンスを取るための情報も、このサイトにある「緑と水の市民カレッジ」のページでチェックできる。

庭園散策は楽しいものだが、知識や仲間を得て巡るればより稔り多い体験になるだろう。

（サイト情報は二〇二三年六月現在）

参考文献

第Ⅰ章

鈴木理生著『江戸はこうして造られた』ちくま学芸文庫

内藤昌著『江戸と江戸城』講談社学術文庫

稲次敏郎著・写真／ワタリウム美術館協力『庭園倶楽部―日本庭園の「ありやう」を求めて―』イッシプレス

白幡洋三郎著『大名庭園―江戸の饗宴―』講談社選書メチエ

安藤優一郎著『大名庭園を楽しむ―お江戸歴史探訪―』朝日新聞出版

おかやま後楽園300年祭実行委員会、日本造園学会監修／白幡洋三郎編『庭園のこころと形―世界名園シンポジウム―』東京農業大学出版会

進士五十八著『日本の庭園―造景の技とこころ―』中公新書

小野健吉著『日本庭園―空間の美の歴史―』岩波新書

小野健吉著『岩波日本庭園辞典』岩波書店

第Ⅱ章

Rオールコック著／山口光朔訳『大君の都―幕末日本滞在記―』岩波文庫

ロバート・フォーチュン著／三宅馨訳『幕末日本探訪記―江戸と北京―』講談社学術文庫
災害教訓の継承に関する専門調査会「過去の災害に学ぶ（第13、14、22、23、26、27回）」『広報　ぼうさい』内閣府
東京都建設局著／東京都公園協会編集『東京の公園110年』東京都建設局公園緑地部
東京都建設局著／東京都公園協会編集『東京の公園120年』東京都建設局公園緑地部
東京都公園緑地部監修／小杉雄三著『浜離宮庭園（東京公園文庫12）』東京都公園協会
東京都公園緑地部監修／吉川需著『小石川後楽園（東京公園文庫28）』東京都公園協会
東京都公園緑地部監修／小杉雄三著『旧芝離宮庭園（東京公園文庫36）』東京都公園協会
東京都公園緑地部監修／森守著『六義園（東京公園文庫19）』東京都公園協会
東京都公園緑地部監修／北村信正著『清澄庭園（東京公園文庫18）』東京都公園協会
文化庁著『文化財保護法五十年史』ぎょうせい
中島宏著「東京都における文化財庭園の管理」『都市公園（No. 108）』東京都公園協会
東京都建設局公園緑地部『東京都における文化財庭園の保存・復原・管理等に関する調査報告書（昭和六二年度）』東京都建設局公園緑地部
東京都建設局公園緑地部『東京都における文化財庭園の保存・復元・管理等に関する調査報告書（昭和六三年度）』東京都建設局公園緑地部
東京都建設局公園緑地部「東京都における文化財庭園の保存管理計画（平成一六年度）」
山本修正著「浜離宮恩賜庭園「中島の御茶屋」の復元について」『都市公園（No. 85）』東京都公園協会

中島宏、石塚達雄著「都立文化財庭園の復活計画と浜離宮恩賜庭園庚申堂鴨場の修復について」『都市公園（No. 126）』東京都公園協会

第Ⅲ章

伊藤平左エ門著「中島の御茶屋・汐見の御茶屋　濱離宮・中島御茶屋の復元設計について」『住宅建設（No. 106）』建築資料研究社
東京都建設局公園緑地部編集「東京都における文化財庭園の保存活用計画（共通編）（平成二九年三月）」東京都建設局公園緑地部
東京都建設局公園緑地部編集「東京都における文化財庭園の保存活用計画（旧浜離宮庭園）（平成二九年三月）」東京都建設局公園緑地部
NPO法人バードリサーチ「カワウのねぐら除去事例―東京都浜離宮庭園―」環境省
福田道雄ほか著「日本におけるカワウの生息状況の変遷」『日本鳥学会誌（51巻1号）』日本鳥学会
中島宏、石塚達雄著「都立文化財庭園の復活計画と浜離宮恩賜庭園庚申堂鴨場の修復について」『都市公園（No. 126）』東京都公園協会
田島弘之著「都立庭園「景」の復原のこころみ―浜離宮恩賜庭園横堀護岸改修工事について―」『都市公園（No. 153）』東京都公園協会
根来千秋著「浜離宮恩賜庭園の復元と整備―中の御門地区復元的整備事業を中心に―」『都市公園（No. 174）』東京都公園協会

工藤航平著「公儀の庭・浜御殿の変遷と意義」『東京都公文書館調査研究年報（2017年3号）』東京都
高遠達也、梶原ちとせ著「浜離宮恩賜庭園の復元と整備―潮入の池護岸修復を中心に―」『都市公園（No. 186）』東京都公園協会
松浦光明著「整備 浜離宮恩賜庭園「中島橋」の改修」『都市公園（No. 219）』東京都公園協会
東京都建設局東部公園緑地事務所工事課著「整備　都立浜離宮恩賜庭園「松の御茶屋」の復元」『都市公園（No. 195）』東京都公園協会
東京都東部公園緑地事務所工事課著「整備　浜離宮恩賜庭園「燕の御茶屋」の復元」『都市公園（No. 210）』東京都公園協会
東京都東部公園緑地事務所工事課庭園整備担当著「整備　浜離宮恩賜庭園「鷹の御茶屋」の復元について」『都市公園（No. 221）』東京都公園協会
宮尾健吾著「浜離宮恩賜庭園「中の御門」復元事業」『都市公園（No. 162）』東京都公園協会
神宮司庁編『古事類苑〈官位部三〉』神宮司庁
大石学編『江戸幕府大事典』吉川弘文館

第Ⅳ章

公益財団法人東京都公園協会「「都立庭園の管理運営の方策について」答申」公益財団法人東京都公園協会
進士五十八著『日本庭園の特質・様式・空間・景観』東京農業大学出版会

公益財団法人東京都公園協会『都立公園指定管理者事業報告書―「文化財庭園」グループ―』公益財団法人東京都公園協会

第Ⅴ章

菊池正芳著「都立文化財庭園における庭園ガイドボランティア導入による多面的効果に関する実証的研究」博士論文（２０１６年）、東京農業大学
菊池正芳、濱野周泰著「都立庭園の管理経緯と都立庭園ガイドボランティアの誕生」『東京農業大学集報（第61巻第1号）』東京農業大学
菊池正芳著「都立庭園における庭園ガイドツアーに参加した来園者の意識からみた有効性に関する研究」『ランドスケープ研究（２０１６年79巻5号）』日本造園学会
菊池正芳著「庭園ガイドボランティアの活動と意識に関する研究」『日本庭園学会誌（34号）』日本庭園学会
東京都都市整備局著「都市再生ステップアップ・プロジェクト（竹芝地区）」東京都都市整備局
東京都都市整備局著『竹芝地区まちづくりガイドライン―豊かな緑、海、文化を実感できる、活気ある業務・商業等の拠点を形成―』東京都都市整備局
東京都産業労働局著『ユニークベニューパンフレット』東京都産業労働局

コラム

金行信輔著『写真のなかの江戸―絵図と古地図で読み解く20の都市風景―』ユウブックス

内閣府　災害教訓の継承に関する専門調査会報告書（平成一六年三月）「１６５７明暦の江戸大火」
https://www.bousai.go.jp/kyoiku/kyokun/kyoukunnokeishou/rep/1657_meireki_edotaika/pdf/1657-meireki-edoTAIKA_03_chap1.pdf

東京都公文書館
https://www.soumu.metro.tokyo.lg.jp/01soumu/archives/0712edo_hanni.htm

安藤優一郎著『大名屋敷「謎」の生活』ＰＨＰ文庫

飛田範夫著『江戸の庭園―将軍から庶民まで―』京都大学学術出版会

ＰＨＰオンライン衆知「ＷＥＢ歴史街道」
https://shuchi.php.co.jp/rekishikaido/detail/6070
https://shuchi.php.co.jp/rekishikaido/detail/8435?p=1

サライ.jp「趣味・教養」
https://serai.jp/hobby/93894

公益財団法人東京都公園協会「庭園都市 東京トラベル＆ヒストリー」
https://www.tokyo-park.or.jp/special/botanicallegacy/ja/about/index.html

公益財団法人東京都公園協会「公園へ行こう！」
https://www.tokyo-park.or.jp/special/pickup/teieneikou.html

おわりに

現在、都立庭園の大名庭園は少しずつ復元され、往時の姿を取り戻しつつある。平成一六（二〇〇四）年度から東京都が文化財の復元整備事業を進めているのだ。

私が仕事を始めた昭和六〇（一九八五）年ころの浜離宮恩賜庭園には、「潮入の池」に中島の御茶屋が一棟あるだけだったが、今では松の御茶屋（平成二二年）、燕の御茶屋（平成二六年）、鷹の御茶屋（平成二九年）も復元され、一一代将軍徳川家斉の時代の浜御殿の姿をうかがうことができる。

小石川後楽園の唐門も令和二（二〇二〇）年復元された。唐門は空襲で焼失し、基壇《きだん》と石段、石積みだけ残り、「唐門跡」とされていた。門と脇塀《わきべい》が復元されたことで、庭園鑑賞の起点となる入口が復活したことになる。

平成二六（二〇一四）年、定年を三年後に控えて、私は東京農業大学大学院農学研究科（博士後期課程）に入学し、東京都職員をつとめながら文化財庭園について研究することになった。文化財庭園とは、東京都や国によって文化財指定された庭園をいう。

東京農業大学元学長・名誉教授の進士《しんじ》五十八《いそや》先生からの勧めがあってのことだ。

博士論文の題目は、「都立文化財庭園における庭園ガイドボランティア導入による多面的効果に関する実証研究」である。庭園の文化財としての歴史や作庭意図などの基礎教育を受けた市民ボランティアが、来園者を案内する。文化財の公開とは、文化財を単に見せるだけでなく、その価値をより広く伝え、多くの人に理解してもらうといった意味も含む。文化財の公開に向けた市民との協働、ボランティアの活用という考えは当時において先進的であった。東京都は庭園ガイドボランティアの創設にいち早く動き採り入れたが、進士先生がそこに深く関与されてもいた。

この研究を通して、私は小石川後楽園などの大名庭園の文化財的価値や魅力を再認識することができた。そして、その価値や魅力が、あまり多くの人たちに識《し》られていないことに気づき、多くの人に伝えたいと考えるようになったのである。

平成二九年に退職。退職後は公益財団法人東京都公園協会に入り、公園事業部に配属された。東京都公園協会は都の指定管理者として全ての都立庭園を管理運営しており、大名庭園の維持管理の実際、活用の実態に直接携わることができた。

なお、庭園ガイドボランティアの認証及び養成は協会が担っている。庭園ガイドボランティアになるには、協会主催の「緑と水の市民カレッジ」で「都立庭園ガイドボランティア養成講座」を修了し、ガイド資格試験に合格しなければならない。私も何度か講師をつとめた。

振り返ると、私は四〇年近く、東京の公園や庭園を職場としてきたことになる。現在は公益財団法人東京都慰霊協会に籍を置く。東京都慰霊協会は、関東大震災や第二次世界大戦で亡くなられた人たち（「災変遭難者」と呼ぶ）とその遺族を弔慰《ちょうい》するための行事を執り行い、指定管理者として記念施設や公園の管理運営を引き受けている。

場所は「都立横網《よこあみ》町公園」であり、そこは大正一二年（一九二三）年九月一日の関東大震災のおり、被災し逃れた約三万八〇〇〇人の人たちが亡くなった場所である。陸軍被服廠《ひふくしょう》跡だ。公園内には、関東大震災の遭難者と第二次世界大戦による東京空襲で亡くなった方の御遺骨（約一六万三〇〇〇体）を安置する東京都慰霊堂、そして震災や戦災の記念品等を展示する東京都復興記念館がある。また震災時に避難場所としての有効性を発揮した大名庭園に倣った、ミニ日本庭園もあるなど、私と庭園との縁は続く。

時代による庭園の大きな変化を経験してきた私にとって、その施設が一つひとつ復元されることは、本当にうれしいことである。それとともに江戸の大名庭園の歴史や復元されるまでの経緯を多くの人に知ってもらいたいと思う気持ちが強くなってきた。たとえば、昭和二六（一九五一）年に浜離宮恩賜庭園を貫通する幅二〇mもの都市計画道路の計画が告示されたことがある。すでに「名勝及び史蹟」に指定されていた文化財（庭園）であり、文化財保護委員会の反対によって計画は中止され、浜離宮は損失の危機をまぬがれた。翌年、浜離宮は「特別名勝及び特別史跡」の指定を受けている。こうした過去のいきさつについても伝えていかなければと思う。

大名たちが競い合い、趣向を凝らしていた庭園が魅力的でないわけがない。そこにはストーリーがあり、エンターテイメント性もある。江戸時代に造られ、さまざまな楽しみ方を内包している大名庭園を現在の私たちがいかに使いこなし、次世代につないでいくのかは大きな課題である。これは、私たち現代人に課せられた宿題かもしれない。

大名庭園の復元はまだ途中である。浜離宮恩賜庭園に関していえば、「大手門」の復元は是非とも早期に実現してほしい。復元されれば、将軍家の唯一の御庭としての格式にふさわしい姿を取り戻すことになるからである。

最後に、私を文化財庭園に導いてくださった方々に感謝を申し上げます。

進士先生の助言がなければ研究の道にはつかなかったでしょう。東京農工大学名誉教授・亀山章先生には、何度も励ましのお言葉をいただきました。そして、資料を提供いただいた公益財団法人東京都公園協会文化財庭園課、浜離宮恩賜庭園管理所の皆様には心より感謝を申し上げます。

二〇二三年六月

菊池正芳

【著者略歴】

菊池正芳（きくちまさよし）

昭和32（1957）年東京生まれ。1980（昭和55）年日本大学理工学物理学科卒業。商社勤務ののち、1985年東京都建設局入都。公園建設課、多摩動物公園、環境局自然環境部森林再生担当課長、都市整備局緑地景観課長、建設局公園緑地部計画課長などを経て、2016（平成28）年建設局西部公園緑地事務所長をもって定年退職。その後、公益財団法人東京都公園協会入社、現在は公益財団法人東京都慰霊協会に勤務する。

平成26（2014）年東京農業大学大学院農学研究科（後期博士課程）に入学、平成29年に同課程を修了。博士（環境共生学）。技術士（建設部門）、樹木医、森林インストラクター。

所属学会に、日本造園学会、日本庭園学会、日本地球惑星科学連合など。令和3（2021）年より日本庭園学会理事。

江戸大名庭園は挑む　「名園」の復活そして都市庭園の未来

二〇二三年八月三一日　初版第一刷発行

著　者　菊池正芳

発行所　株式会社はる書房
〒一〇一-〇〇五一　東京都千代田区神田神保町一-四四駿河台ビル
電話・〇三-三二九三-八五四九　ＦＡＸ・〇三-三二九三-八五五八
http://www.harushobo.jp/

装　幀　桜井雄一郎
組　版　シナプス
写真提供　東京都公園協会　聖徳記念絵画館　東北大学附属図書館
江戸東京博物館　中央区立郷土天文館　徳川林政史研究所
日本地図センター　国立国会図書館　宮内庁宮内公文書館
筑摩書房
印刷・製本　中央精版印刷

ISBN978-4-89984-209-5